Informatik & Praxis

H. Eirund / B. Müller / G. Schreiber

Formale Beschreibungsverfahren der Informatik

Informatik & Praxis

Herausgegeben von

Prof. Dr. Helmut Eirund, Fachhochschule Harz
Prof. Dr. Herbert Kopp, Fachhochschule Regensburg
Prof. Dr. Axel Viereck, Hochschule Bremen

Anwendungsorientiertes Informatik-Wissen ist heute in vielen Arbeitszusammenhängen nötig, um in konkreten Problemstellungen Lösungsansätze erarbeiten und umsetzen zu können. In den Ausbildungsgängen an Universitäten und vor allem an Fachhochschulen wurde dieser Entwicklung durch eine Integration von Informatik-Inhalten in sozial-, wirtschafts- und ingenieurwissenschaftliche Studiengänge und durch Bildung neuer Studiengänge – z.B. Wirtschaftsinformatik, Ingenieurinformatik oder Medieninformatik – Rechnung getragen.

Die Bände der Reihe wenden sich insbesondere an die Studierenden in diesen Studiengängen, aber auch an Studierende der Informatik, und stellen Informatik-Themen didaktisch durchdacht, anschaulich und ohne zu großen „Theorie-Ballast" vor.

Die Bände der Reihe richten sich aber gleichermaßen an den Praktiker im Betrieb und sollen ihn in die Lage versetzen, sich selbständig in ein in seinem Arbeitszusammenhang relevantes Informatik-Thema einzuarbeiten, grundlegende Konzepte zu verstehen, geeignete Methoden anzuwenden und Werkzeuge einzusetzen, um eine seiner Problemstellung angemessene Lösung zu erreichen.

Formale Beschreibungsverfahren der Informatik

Ein Arbeitsbuch für die Praxis

Von Prof. Dr. Helmut Eirund
Prof. Dr. Bernd Müller
und Dr. Gerlinde Schreiber

B.G.Teubner Stuttgart · Leipzig · Wiesbaden

Die Deutsche Bibliothek – CIP-Einheitsaufnahme
Ein Titeldatensatz für diese Publikation ist bei
der Deutschen Bibliothek erhältlich

Prof. Dr. rer. nat. Helmut Eirund

Geboren 1959 in Gelsenkirchen-Buer. Von 1978 bis 1985 Studium der Informatik an der Universität Kiel. Von 1985 bis 1988 Mitarbeiter und später Projektleiter im Forschungsbereich der TA Triumph-Adler AG, Nürnberg. Von 1988 bis 1992 Mitarbeiter im wissenschaftlichen Dienst des Fachbereiches Informatik der Universität Oldenburg. 1991 Promotion in Informatik. 1992 Mirarbeiter bei OFFIS e.V. (Oldenburger Forschungs- und Entwicklungsinstitut für Informatik-Systeme und Werkzeuge), seit 1994 Professor an der Hochschule Harz (Wernigerode) und seit 1997 Professor für Medieninformatik.

Prof. Dr. rer. nat. Bernd Müller

Geboren 1962 in Metzingen. Von 1983 bis 1989 Studium der Informatik an der Universität Stuttgart. Von 1989 bis 1994 im wissenschaftlichen Dienst des Fachbereiches Informatik der Universität Oldenburg und des Oldenburger Forschungs- und Entwicklungsinstituts für Informatik-Werkzeuge und -Systeme (OFFIS), Promotion 1994. Von 1994 bis 1996 Gastwissenschaftler am Wissenschaftlichen Zentrum der IBM in Heidelberg. Seit 1997 Mitarbeiter der HDI Informationssysteme (HIS) in Hannover. Seit 1998 Professor an der Hochschule Harz (Wernigerode).

Prof. rer. nat. Gerlinde Schreiber

Studium der Informatik an der Universität Kiel von 1978 bis 1985. Danach Mitarbeiter der Siemens AG im Tätigkeitsfeld Kommunikationsprotokolle. DIN- und ISO-Delegierte zum Thema Network Management. Von 1988 bis 1994 wiss. Mitarbeiterin im Fachbereich Informatik der Universität Oldenburg. 1994 Promotion im Gebiet der Modellierung und Analyse verteilter Systeme. Ab 1994 Lehrbeauftragte an der TU Clausthal. Seit 2000 wiss. Mitarbeiter im IT-Weiterbildungsstudiengang der Universität Hildesheim.

1. Auflage Oktober 2000

Umschlaggestaltung: Ulrike Weigel, www.CorporateDesignGroup.de

Gedruckt auf säurefreiem und chlorfrei gebleichtem Papier.

ISBN-13:978-3-519-02643-3   e-ISBN-13:978-3-322-80103-6
DOI: 10.1007/978-3-322-80103-6

Vorwort

Informatik-Lösungen entstehen nicht an Computer und Tastatur – sie haben ihren Ursprung im Kopf, am Tisch und auf dem Papier. Hier werden Gedanken entwickelt, strukturiert und diskutiert. Zu exakten Formulierungen sind Beschreibungsmethoden nötig, die vor allem aus der Mathematik und der Theoretischen Informatik stammen. Dieses Buch wagt einen schwierigen Spagat: wir stellen formale Verfahren so informell wie möglich vor. Wir wenden uns damit an alle Informatik-Interessierten, die ihr strukturelles Wissen verbessern wollen, um über zuverlässiges, erprobtes Handwerkszeug zur Bewältigung praxisrelevanter Probleme zu verfügen. Beispiele und Aufgaben zunehmender Komplexität üben und vertiefen den vorgestellten Stoff.

Wernigerode und Hildesheim, im August 2000

Helmut Eirund, Bernd Müller und Gerlinde Schreiber

Inhaltsverzeichnis

Kapitel 1

Einleitung

Beschreibungsmethoden der Informatik ist kein Buch für Theoretiker. Es ist auch kein Buch für Hauptfach-Informatiker, sondern richtet sich an Menschen mit (Weiter-) Bildungsbedarf in Informationstechnologie (IT), die eine Vorstellung von den formalen Grundlagen der Informatik bekommen möchten. Computer können nur strukturiert arbeiten. Um sie für uns einzusetzen, müssen wir Strukturen erkennen und exakt beschreiben können. Darum geht es im Wesentlichen in diesem Arbeitsbuch.

Praktische Problemstellungen aus der Informatik bilden den Ausgangspunkt unserer Überlegungen. „Was ist zu tun?" und „Wie ist es zu tun?" sind die beiden Hauptfragen, deren Beantwortung wir durch die Einsetzung formaler Methoden systematisieren und erleichtern. „Was ist zu tun?" stellt die Frage nach der präzisen Problemstellung. Als erstes muss eine betrachtete Aufgabe genau und unzweideutig erfasst werden – sei es bei einer Suche im World Wide Web, sei es bei einer Anfrage an eine Datenbank oder auch in der Abstimmung mit einem Auftraggeber.

In Kapitel 2, *Grundlagen aus Mathematik und Logik*, betrachten wir verschiedene elementare mathematische Ausdrucksweisen sowie die Aussagen- und Prädikatenlogik. Die Aussagen- und Prädikatenlogik bildet eine künstliche, formale Sprache mit eindeutig festgelegter Syntax (Satzaufbau und -schreibweise) und Semantik (Bedeutung), die Missverständnisse ausschließt. Zahlreiche in der IT eingesetzte Werkzeuge, wie Suchmaschinen im Internet, die Standarddatenbanksprache SQL, die Programmiersprache Prolog und viele andere wichtige Systeme bauen auf Elementen der Aussagen- und Prädikatenlogik auf. Ausgehend von Beispielen aus der Alltagswelt führen wir Syntax und Semantik der Aussagenlogik ein und erproben ihre Verwendung an IT-Problemen zunehmender Komplexität. Ein wichtiger Nebeneffekt: Die Beschreibung von komplexen Begriffen (z. B. aus den folgenden Kapiteln) fällt mit der Prädikatenlogik kurz und eindeutig aus.

Zur Problemlösung werden in der Informatik zumeist Programmiersprachen eingesetzt. Auch hierbei handelt es sich um künstliche, formale Sprachen, deren Syntax und Semantik eindeutig festgelegt ist. Diese eindeutige Festlegung wird benötigt, um überhaupt Aussagen über die Auswirkungen eines Programmlaufs *vor* dem tatsächlichen ersten Programmlauf machen zu können, aber z. B. auch, um die Portierbarkeit von Programmen zwischen unterschiedlichen Rechnerkonfigurationen sicherzustellen. Die Syntax von Programmiersprachen wird in der Regel durch Grammatiken definiert. Werkzeuge zur Verarbeitung von Programmen setzen auf der Grammatik der zugrunde liegenden formalen Sprache auf. Sei es ein HTML-Editor, ein Java-Interpreter oder ein C-Compiler – ihre Fehlermeldungen werden erst in Kenntnis der jeweiligen Grammatik verständlich (oder sollten dies zumindest).

Im Kapitel 3, *Formale Sprachen*, entwickeln wir Grammatiken für verschiedene „echte" (d. h. Teile der Alltagssprache) und formale Sprachen und stellen die Chomsky-Hierarchie vor, die Sprachklassen unterschiedlicher Mächtigkeit durch Eigenschaften ihrer Grammatiken charakterisiert.

Formale Sprachen begegnen uns nicht nur in der Programmierung, sondern z. B. auch als Dialogsprachen, die etwa die korrekte Benutzereingaben in eine Bedienoberfläche oder die Dateikommunikation zwischen verschiedenen Programmen festlegen. In Kapitel 3 werden wir lernen, wie diese Sprachen durch eine Grammatik eindeutig und unmissverständlich zu beschreiben sind (etwa für eine Benutzerhandbuch/Bedienanleitung) und wie die zugehörige Grammatik in die Chomsky-Hierarchie einzuordnen ist.

Den Sprachklassen der Chomsky-Hierarchie sind eindeutig Automatenmodelle zugeordnet. Diese Automatenmodelle beschreiben abstrakte Maschinen, die genau die zugehörigen Sprachklassen verarbeiten können. Solche Automaten, durch Programme simuliert, können also als Standardlösung etwa zur Eingabekontrolle und -verarbeitung dienen.

In Kapitel 4, *Automaten und Verfahren*, lernen wir die gebräuchlichsten der in der Informatik verwendeten Automatenmodelle kennen und untersuchen den Zusammenhang zwischen Automaten und formalen Sprachen. Die betrachteten Automatenmodelle unterscheiden sich in den Möglichkeiten, sich etwas zu „merken" – konkret in den Zugriffsmöglichkeiten auf ihren Speicher und dessen Größe. Dabei lernen wir endliche Automaten, Kellerautomaten und Turing-Maschinen kennen und erproben die Ausdruckskraft an verschiedenen Dialogsprachen. Ein kleiner, populärwissenschaftlich dargestellter Ausflug zu einer der grundlegenden Fragen der Informatik – was können Computer eigentlich *nicht* berechnen, auch nicht in 1000 Jahren – beendet dieses Kapitel.

Computer sind heute in der Lage, in verschiedenen unabhängig voneinander laufenden Prozessen Arbeiten auszuführen. Das macht sie auch für die Bearbeitung von mehreren nebenläufigen Aufgaben interessant. Solche Probleme finden wir überall: Steuerung einer Produktionsanlage mit mehreren Produktionsstraßen, die an bestimmten Stellen Teile oder Informationen austauschen müssen; Synchronisation eines multimedialen User-Interface, in dem Video- und Audio-Datenströme mit Nutzerinteraktionen verbunden werden; Organisation des Work-Flow in Betrieben und vieles mehr.

In Kapitel 5, *Beschreibung nebenläufiger Prozesse*, lernen wir die Erweiterung des sequentiellen Automatenmodells aus Kapitel 4 um die für die Beschreibung dieser nebenläufigen Prozesse notwendigen Mechanismen kennen. Auch hier sehen wir wieder, wie man von einem solchen nebenläufigen Automaten, einem sogenannten Petri-Netz, zu Standardimplementierungen kommt.

In Kapitel 6, *Der Algorithmus*, schließen wir den Kreis vom „Was ist zu tun?" zum „Wie ist es zu tun?". Ein Algorithmus ist eine detaillierte Beschreibung eines Verfahrens, in dem wir die in den vorhergehenden Kapiteln vorgestellten Möglichkeiten zur Beschreibung von Sachverhalten in ein ausführbares Computer-Programm überführen. Abschließend diskutieren wir Möglichkeiten und Grenzen der von Computern lösbaren Aufgabenstellungen.

Dieses Buch gibt einen kompakten Einblick in Beschreibungsmethoden. Für eine weitere Vertiefung geben wir am Anfang der Kapitel ausgewählte Literatur an.

Kapitel 2

Grundlagen aus Mathematik und Logik

In diesem Kapitel werden die Ausdrucksmöglichkeiten bereitgestellt, mit denen eine Aufgabe aus der Informatik präzise erfasst werden kann: Was ist zu tun, was genau sind die Voraussetzungen, wie lautet das Ziel? Zur Beantwortung dieser Fragestellungen benötigt die Informatik Beschreibungsformalismen und Sprachen, die Sachverhalte so exakt ausdrücken können, dass nur genau eine Interpretationsmöglichkeit existiert.

Das Lernziel dieses Kapitels ist es, unmissverständlich auszudrücken, *was gilt* und nicht *wie etwas zu tun ist*. Dazu werden wir einfache logische Ausdrucksformen einführen und anwenden. Diese sind beispielsweise dafür geeignet festzuhalten, welche Aussagen für das Ergebnis einer Datenbankanfrage oder zum Ein-/Ausgabeverhalten eines interaktiven Systems gelten – wir können hier aber nicht den Arbeitsprozess selbst beschreiben.

Wir beginnen in Abschnitt 2.1 mit der Aussagenlogik und erweitern diese dann in Abschnitt 2.2 zur Prädikatenlogik (erster Stufe). In Abschnitt 2.3 stellen wir verschiedene grundlegende mathematische Ausdrucksweisen zusammen, beispielsweise zu Relationen und Funktionen. Die hier erläuterten Begriffe werden in den übrigen Kapiteln des Buches verwendet.

Die vorgestellten Grundlagen bilden das im IT-Bereich ständig benötigte Grundwissen. Sie reichen aus, um viele Sachverhalte beschreiben zu können, scheitern aber bei anderen. Es haben sich noch weitere Logiken entwickelt, die für bestimmte Problemsituationen besonders angepasst sind, etwa die Prädikatenlogik zweiter Stufe, nicht-monotone Logiken und temporale Logiken. Wir betrachten allerdings solche spezialisierten Logiken nicht genauer, sondern verweisen hier auf weiterführende Literatur [GN82, CM85].

Der Schritt von der Prädikatenlogik zum Logischen Programmieren wird in [HW92] dargestellt. Die mathematischen Grundlagen für Datenbanksysteme zeigen [KK93].

2.1   Schreibweisen der Logik

Das griechische Wort Logos bedeutet Sprache, hat also zunächst mit „über etwas aussagen"
zu tun. Die mathematische Logik, die wir hier einführen, ist – im Gegensatz zu den natürlichen Sprachen – eine einfache, präzise Sprache, die mit wenigen, logisch bedeutsamen
Elementen der Umgangssprache auskommt. Wie in anderen Sprachen auch ist der korrekte
Aufbau (die Syntax) von Sätzen der Logik nach festen Regeln bestimmt. Während in natürlichen Sprachen ein syntaktisch korrekter Satz viele verschiedene Bedeutungen haben kann,
ist die Bedeutung (die Semantik) eines Satzes der Logik eindeutig festgelegt. Ein Satz oder
aussagenlogischer Ausdruck hat immer einen der beiden *Wahrheitswerte*: wahr (W) oder
falsch (F). Der Wahrheitswert eines Ausdrucks wird entweder als *Fakt* festgelegt (*Die Sonne scheint* ist wahr) oder aus der Verknüpfung mit anderen Ausdrücken nach bestimmten
logischen *Rechenregeln* berechnet (wenn die Ausdrücke *Die Sonne scheint* und *Der Himmel
ist blau* beide wahr sind, dann ist der zusammengesetzte Ausdruck *Die Sonne scheint und
der Himmel ist blau* auch wahr).

Mit dem logischen *Und* haben wir jetzt schon einen logischen Verknüpfungs-Operator
kennengelernt. Es gibt noch andere Operatoren: wenn zwei Ausdrücke A und B jeweils
den Wert W oder F haben können, dann gibt es 4 verschiedene Kombinationsmöglichkeiten
der Wahrheitsbewertung für A und B (WW, WF, FW, FF). Und es gibt 16 Möglichkeiten,
für diese 4 Kombinationen neue Wahrheitswert-Ergebnisse festzulegen. Nicht alle haben
eine sinnvolle Entsprechung in der Umgangssprache. Die 5 relevanten Operatoren sind in
Tabelle 2.1 dargestellt.

Die Bezeichnungen der genannten *logischen Operatoren* sind: $\neg$ (nicht, Negation), $\wedge$
(und), $\vee$ (oder), $\Rightarrow$ (folgt logisch, impliziert), $\Leftrightarrow$ (ist logisch gleich, äquivalent). Die Tabelle
ist folgendermaßen zu lesen: Wenn A den Wert W hat, dann hat $\neg$A den Wert F, wenn A
und B den Wert W haben, dann hat A $\wedge$ B den Wert W, usw.

A	B	$\neg A$	$A \wedge B$	$A \vee B$	$A \Rightarrow B$	$A \Leftrightarrow B$
W	W	F	W	W	W	W
W	F	F	F	W	F	F
F	W	W	F	W	W	F
F	F	W	F	F	W	W

Tabelle 2.1: Definition der logischen Operatoren

Der Negationsoperator $\neg$ liefert angesetzt auf einen aussagenlogischen Ausdruck A dessen
komplementären Wahrheitswert $\neg A$. Das logische *Und* ($\wedge$) verknüpft zwei aussagenlogische
Ausdrücke A und B und liefert W nur dann, wenn auch die beiden Ausdrücke jeweils wahr
sind, andernfalls F. Das logische *Oder* verknüpft die aussagenlogischen Ausdrücke A und

B und liefert F nur dann, wenn beide Argumente A und B den Wahrheitswert F haben, andernfalls W. Eine Oder-Verknüpfung $A \vee B$ ist also nur dann wahr, wenn mindestens eine der Aussagen A oder B wahr ist.

Die *Implikation* $A \Rightarrow B$ einer Aussage B aus einer Aussage A ist dann wahr, wenn A falsch ist sowie wenn A und B beide wahr sind. Aus einer wahren Aussage kann also nur etwas Wahres gefolgert werden, aus einer falschen Aussage Beliebiges. Dieser Operator soll noch an einem kleinen Beispiel verdeutlicht werden.

Beispiel 2.1
Sei A die Aussage „Der Himmel ist blau" und B die Aussage „Die Sonne scheint". Es gilt die Implikation $A \Rightarrow B$, d. h. aus „Der Himmel ist blau" folgt „Die Sonne scheint". Das bedeutet: Wenn der Himmel blau ist, scheint auch die Sonne (A und B sind beide wahr). Wenn der Himmel nicht blau ist (bewölkt beispielsweise), kann trotzdem die Sonne scheinen (A ist falsch und B ist wahr). Wenn der Himmel nicht blau ist (durchgehende dichte Bewölkung beispielsweise), kann aber ebenso die Sonne nicht zu sehen sein (A ist falsch und B ist falsch). Ausgeschlossen ist jedoch, dass der Himmel zwar blau ist, die Sonne aber nicht scheint (A ist wahr, aber B ist falsch). $\square$

Äquivalente Aussagen haben den gleichen Wahrheitswert. Die Äquivalenz $A \Leftrightarrow B$ liefert also wahr, wenn A und B entweder beide wahr oder beide falsch sind, andernfalls liefert $A \Leftrightarrow B$ falsch.

Wir halten in folgender Definition fest, wie sich der Wahrheitswert einer aussagenlogischen Aussage berechnen lässt:

Definition 2.1
Der *Wahrheitswert einer Aussage* ergibt sich aus dem Wahrheitswert ihrer Teilaussagen, die durch einen logischen Operator verknüpft sind. Dabei gelten die Definitionen aus Tabelle 2.1 und die *Präzedenzregeln* (Berechnungsreihenfolge) $\neg$ vor $\wedge$ vor $\vee$ vor $\Rightarrow$ vor $\Leftrightarrow$. Eine Klammerung von Teilausdrücken erwirkt die höchste Präzedenz, wie von arithmetischen Ausdrücken bekannt. $\square$

Definition 2.2
Liefert ein zusammengesetzter Ausdruck für *alle* Wahrheitswert-Kombinationen seiner Teilausdrücke immer den Wert W, so nennen wir diesen Ausdruck *allgemeingültig*. $\square$

Beispiel 2.2
Zur Verdeutlichung der Präzedenzregeln betrachten wir eine Anfrage an eine Suchmaschine im World Wide Web. Seien A, B und C Stichworte zur Charakterisierung eines gesuchten

Dokumentes im WWW. Sei $A \vee \neg B \wedge C$ eine Anfrage an eine Suchmaschine. Diese liefert als Antwort (sofern sie wunschgemäß arbeitet) diejenigen Dokumente, die das Stichwort B nicht enthalten dürfen, aber zum Stichwort C gefunden wurden ($\neg B \wedge C$) sowie die Dokumente, die durch A charakterisiert werden ($A \vee \neg B \wedge C$). $\square$

Wenn wir nun den Wahrheitswert einer zusammengesetzten logischen Aussage berechnen wollen, können wir dies durch Benutzung von Wahrheitstafeln tun. Dabei gehen wir wie folgt vor.

Sei der zu berechnende logische Ausdruck zusammengesetzt aus den logischen Aussagen $A_1, \ldots, A_n$, die durch logische Operatoren (aus Tabelle 2.1) verknüpft sind.

1. Wir notieren alle möglichen Kombinationen von Wahr- oder Falsch-Werten der $A_1, \ldots,$ A_n. Dies führt zu 2^n Möglichkeiten.

2. Gemäß Tabelle 2.1 errechnen wir hieraus den Wahrheitswert des zu untersuchenden logischen Ausdrucks.

3. Der Ausdruck ist korrekt für alle Kombinationen von Wahrheitswerten der $A_1, \ldots, A_n$, für die er W liefert. Ist er für alle Argumentwerte korrekt, so handelt es sich um einen *allgemeingültigen* Ausdruck.

Beispiel 2.3

Als weiteres Beispiel betrachten wir die Ausführung einer bedingten Verzweigung in einem Programm (einer ideellen Programmiersprache). Gegeben sei der folgende Programmtext

```
if A then
    Anweisung1
else if B AND C then
    Anweisung2
else
    Anweisung3
```

wobei A, B und C Wahrheitswertausdrücke sind, z. B. der Form x > 5. $\square$

Elementar für das Verständnis des Programms ist die Klarheit darüber, unter welchen Bedingungen eine Anweisung erreicht und ausgeführt wird. Hinter der Fragestellung verbirgt sich die Berechnung eines logischen Ausdrucks. Wir erstellen zuerst die zugehörige Wahrheitstafel für die einzelnen Teilbedingungen, angegeben in Tabelle 2.2 auf der nächsten Seite.

A	B	C	$\neg A$	$B \wedge C$	$\neg A \wedge (B \wedge C)$	$\neg (B \wedge C)$	$\neg A \wedge \neg (B \wedge C)$
W	W	W	F	W	F	F	F
W	W	F	F	F	F	W	F
W	F	W	F	F	F	W	F
W	F	F	F	F	F	W	F
F	W	W	W	W	W	F	F
F	W	F	W	F	F	W	W
F	F	W	W	F	F	W	W
F	F	F	W	F	F	W	W

Tabelle 2.2: Wahrheitstafel zu Beispiel 2.3

Das `Anweisung1` wird erreicht, wenn die Bedingung A wahr ist, also bei den ersten vier Zeilen von Tabelle 2.2. `Anweisung2` wird erreicht, wenn A falsch ist und B `AND` C wahr ist. Dies entspricht der sechsten Spalte, die nur in der fünften Zeile wahr ist. Schließlich wird `Anweisung3` erreicht, wenn A falsch und B `AND` C ebenfalls falsch ist. Dies wird durch die letzte Spalte ausgedrückt, die in der sechsten, siebten und achten Zeile wahr ist.

Natürlich kann das Ausrechnen von längeren logischen Ausdrücken recht umständlich werden. Hilfe verschaffen hier allgemeingültige *Rechenregeln*, mit deren Hilfe man logische Ausdrücke umformen und vereinfachen kann. Wir finden solche Regeln auch in der Arithmentik. Ein Beispiel ist die Distributivität von Punkt- und Strich-Rechnung: $a * (b + c) = (a * b) + (a * c)$. Tabelle 2.3 auf der nächsten Seite zeigt einige allgemeingültige logische Ausdrücke, die zur Umformung und Vereinfachung genutzt werden können. Aussagenlogisch allgemeingültige Aussagen sind unabhängig vom Wahrheitswert ihrer Argumente immer wahr.

Als weiteres Beispiel beweisen wir die Allgemeingültigkeit der ersten De Morgan'schen Regel aus Tabelle 2.3.

Beispiel 2.4
Die Allgemeingültigkeit der De Morgan'schen Regel $\neg (A \wedge B) \Leftrightarrow \neg A \vee \neg B$ weisen wir durch Aufstellen der Wahrheitstafel nach.

A	B	$A \wedge B$	$\neg (A \wedge B)$	$\neg A$	$\neg B$	$\neg A \vee \neg B$
W	W	W	F	F	F	F
W	F	F	W	F	W	W
F	W	F	W	W	F	W
F	F	F	W	W	W	W

Die 4. und die 7. Spalte zeigen für alle Wahrheitswerte von A und B den gleichen Eintrag, $\neg (A \wedge B)$ und $\neg A \vee \neg B$ sind also tatsächlich äquivalent. $\square$

Rechenregel	Name
$A \vee \neg A$	ausgeschlossener Dritter
$\neg(A \wedge \neg A)$	Widerspruch
$\neg(\neg A) \Leftrightarrow A$	doppelte Verneinung
$\neg(A \wedge B) \Leftrightarrow \neg A \vee \neg B$	De Morgan
$\neg(A \vee B) \Leftrightarrow \neg A \wedge \neg B$	De Morgan
$A \Rightarrow B \Leftrightarrow \neg B \Rightarrow \neg A$	Kontraposition
$(A \Rightarrow B) \wedge A \Rightarrow B$	modus ponens
$(A \Rightarrow B) \wedge \neg B \Rightarrow \neg A$	modus tollens
$(A \Rightarrow B) \wedge (B \Rightarrow C) \Rightarrow (A \Rightarrow C)$	modus barbara
$A \wedge (B \vee C) \Leftrightarrow (A \wedge B) \vee (A \wedge C)$	Distributivität
$A \vee (B \wedge C) \Leftrightarrow (A \vee B) \wedge (A \vee C)$	Distributivität

Tabelle 2.3: Allgemeingültige Ausdrücke

Das Rechnen mit logischen Aussagen wurde von dem Engländer George Boole (1815 - 1864) wesentlich gefördert. In vielen Programmiersprachen werden deshalb die Wahrheitswerte (wahr und falsch) auch als Boole'sche Werte bezeichnet (z. B. in Pascal mit dem Typ `BOOLEAN`, in Java mit dem Typ `boolean`).

Beispiel 2.5 (Automatisches Beweisen)

Einfache aussagenlogische und prädikatenlogische Umformungsregeln werden in Systemen zum automatischen Beweisen (engl. automated theorem proving), einem Teilgebiet der Künstlichen Intelligenz, als Grundlage benutzt. Solche Systeme werden eingesetzt, um mathematische Sätze zu beweisen (wie den Satz des Pythagoras). Bereits 1958 gelang es der IBM, 350 Sätze der *Principia Mathematica* von B. Russell und N. Whitehead mit Hilfe von Software zu beweisen. $\square$

Beispiel 2.6 (Vierfarbenproblem)

Ein populäres Beispiel für einen mit Computer-Hilfe beweisenen Satz der Mathematik ist das sogenannte *Vierfarbenproblem*, das seinen Ursprung in der Kolorierung von Landkarten hat. Wieviele Farben sind nötig, um jede beliebige Karte so zu kolorieren, dass keine zwei aneinander angrenzenden Gebiete dieselbe Farbe erhalten? 1976 gelang mit Computer-Hilfe der Beweis, dass hierfür 4 Farben ausreichen. $\square$

Aufgabe 2.1

Beweisen Sie die Sätze aus Tabelle 2.3 durch Aufstellen der Wahrheitstafeln.

Aufgabe 2.2

Beweisen Sie die Allgemeingültigkeit bzw. Nicht-Allgemeingültigkeit der folgenden aussagenlogischen Formel: $\neg A \wedge (B \vee C) \Leftrightarrow \neg A \wedge B \vee A \wedge C$

Aufgabe 2.3 (Ausführungbedingung einer Programmanweisung)
Gegeben sei das Programmfragment

```
while( not A ) do {
    if( not B or A ) then
        Anweisung1
    else
        Anweisung2
}
```

Unter welchen Bedingungen wird `Anweisung2` ausgeführt? Können Rechenregeln helfen? Hinweis: Die Anweisung in der `while`-Schleife wird so lange ausgeführt, wie die `while`-Bedingung wahr ist.

Aufgabe 2.4 (Logische Operation XOR)
Das *ausschließende Oder* (auch *Exklusiv-Oder*, *A XOR B*) ist eine der 16 möglichen Verknüpfungskombinationen von zwei Argumenten. Es liefert genau dann ein W, wenn die Argumente A und B verschiedene Werte haben. Wie kann A XOR B äquivalent durch die bekannten Operatoren aus Tabelle 2.1 dargestellt (und damit überflüssig) werden?

Aufgabe 2.5 (Diagnosesystem)
Wir betrachten ein System der Regelungstechnik. Aus *Temperatur hoch* folgt, dass der *Motor heiß ist*, und *Rote Lampe an* ist äquivalent zu *Temperatur hoch*. Darf man aus diesem UND-Ausdruck allgemeingültig folgern: Aus *Rote Lampe an* folgt *Motor heiß*?

2.2 Prädikatenlogik

Bisher besteht unsere mathematische Sprache aus Elementaraussagen, die mit logischen Operatoren verknüpft werden können. „Die Sonne scheint" ist eine solche Elementaraussage. Wenn wir nun von unserer Sonne abstrahieren, können wir auch allen Sternen die Eigenschaft „scheint" zusprechen. Ein Platzhalter (Variable), der stellvertretend für die Sternenmenge steht, erspart es uns hier, all diese Aussagen einzeln aufzuführen. „scheint" ist eine Eigenschaft (*Prädikat*) einer ganzen (eventuell sogar unendlich großen) Menge von Individuen.

Wenn Aussagesätze der natürlichen Sprache den Aussagen in der Aussagenlogik entsprechen, dann kann man zu Prädikaten kommen, indem in einem Aussagesatz die Individuenbezeichner (Namen etc.) durch Platzhalter ersetzt werden. Wir nennen den Rumpfsatz *n-stelliges Prädikat*, wenn *n* verschiedene Platzhalter verwendet werden. Statt Individuum ist auch der Begriff *Subjekt* gebräuchlich.

Beispiel 2.7

„Die Sonne scheint" ist eine Elementaraussage. Wollen wir die Aussage, dass etwas scheint, für verschiedene Individuen formulieren können, schreiben wir „x scheint", oder besser durch die übliche Voranstellung des Prädikats:„scheint(x)". scheint ist ein 1-stelliges Prädikat, das x kommt aus der Menge der Sterne.

„Horst liebt Ute" ist ebenfalls eine Elementaraussage. Abstrahieren wir von den beteiligten Individuen, formulieren wir „liebt(x,y)". liebt ist ein 2-stelliges Prädikat, wobei x und y beliebige Individuen aus der Menge der Menschen sind. □

Die Prädikatenlogik ist eine Erweiterung der Sprache der Aussagenlogik. Neu hinzu kommen *Eigenschaften* eines Subjektes (1-stelliges Prädikat, d. h. das Subjekt hat diese Eigenschaft) und *Beziehungen* zwischen Subjekten (n-stelliges Prädikat, $n > 1$, d. h. die Individuen stehen in dieser Beziehung). Der Wahrheitswert des Prädikats gibt an, ob diese Eigenschaft oder Beziehung auf die Subjekte zutrifft.

Durch die Verwendung von *Variablen* für Individuen können wir Aussagen über Individuen-*Mengen* beschreiben. Diese Aussagen können wiederum durch die schon bekannten Operatoren der Aussagenlogik verknüpft werden.

Beispiel 2.8

Sei *gerade(x)* das 1-stellige Prädikat, das angibt, ob x eine durch 2 teilbare Zahl ist. Sei *3-teilbar* das 1-stellige Prädikat, das angibt, ob x eine durch 3 teilbare Zahl ist. Der prädikatenlogische Ausdruck

$$y \in \mathcal{N} \;\wedge\; gerade(y) \;\wedge\; \textit{3-teilbar}(y)$$

charakterisiert alle natürlichen Zahlen, die durch 6 teilbar sind ($\mathcal{N}$ sei die Menge der natürlichen Zahlen, also der ganzen Zahlen größer 0). □

Beispiel 2.9

Sei *istPrimzahl*(x) das 1-stellige Prädikat, das angibt, ob x eine Primzahl ist und $\leq$ das übliche „kleinergleich" auf natürlichen Zahlen. Der prädikatenlogische Ausdruck

$$x \in \mathcal{N} \;\wedge\; 1 \leq x \;\wedge\; x \leq 10 \;\wedge\; istPrimzahl(x)$$

charakterisiert den Sachverhalt, dass x eine Primzahl zwischen 1 und 10 ist. □

2.2.1 Quantoren

Häufig müssen logische Sachverhalte beschrieben werden, in denen Aussagen für *alle* oder *mindestens ein* Individuum einer gegebenen Menge gelten. Hierfür bietet die Prädikatenlogik zwei Quantoren, die all- und existenzquantifizierende Aussagen über Variablen erlauben. Die zugrunde liegende Menge kann in der bekannten Mengenschreibweise wiederum durch logische Ausdrücke festgelegt werden.

Definition 2.3 (Quantoren)
Sei A ein prädikatenlogischer Ausdruck.

(i) Allquantor
Dann ist auch $\forall x \in M\ A$ ein prädikatenlogischer Ausdruck, der wahr ist, falls die Aussage A für alle möglichen Werte der Variablen x aus der Menge M gilt. Ist der Wertebereich von x klar, schreiben wir lediglich $\forall x\ A$.

(ii) Existenzquantor
Dann ist auch $\exists x \in M\ A$ eine prädikatenlogischer Ausdruck, der wahr ist, falls die Aussage A für mindestens einen möglichen Wert der Variablen x aus der Menge M gilt. Ist der Wertebereich von x klar, schreiben wir lediglich $\exists x\ A$. $\square$

Zur besseren Lesbarkeit verwenden wir bei Bedarf „:" und schreiben etwa $\forall x \in M : A$. Die Menge M kann dabei explizit in Mengenschreibweise oder wieder als einstelliges Prädikat vorgegeben werden, beispielsweise $\forall x \in \mathcal{N} : A$ oder $\forall x\ natürlicheZahl(x) : A$.

Beispiel 2.10
Sei *mutter(x)* das Prädikat, das angibt, ob x eine Mutter ist, *ist_kind_von(x,y)* das Prädikat, das angibt, ob y ein Kind von x ist und *liebt(x,y)* das Prädikat, das angibt, ob x y liebt. Sei M die Menge der Menschen und x, y stets aus M.

(i) Jeder (Mensch) wird geliebt.
$\forall y \exists x : liebt(x, y)$

(ii) Aber: es gibt einen Menschen, der alle Menschen liebt.
$\exists x \forall y : liebt(x, y)$

(iii) Jeder (Mensch) hat eine Mutter.
$\forall x \exists y\ mutter(y) \wedge ist\_kind\_von(y, x)$

(iv) Jede Mutter liebt ihr Kind.
$\forall x \forall y\ (mutter(x) \wedge ist\_kind\_von(x, y) \Rightarrow liebt(x, y))$ $\square$

Beispiel 2.11
Wir verwenden quantifizierende Ausdrücke zur Beschreibung von Mengen z. B. zur Festlegung (oder Spezifikation) einer Datenbank-Anfrage. Sei *Student* die Menge aller Studierenden und *matr(s,m)* ein 2-stelliges Prädikat, das angibt, ob m die Matrikelnummer von s ist.

(i) Die Menge der Studierenden, die eine Matrikelnummer zwischen 123 und 456 haben:
$\{s \in Student \mid \exists m \in \mathcal{N} : matr(s, m) \wedge 123 \leq m \wedge m \leq 456\}$

(ii) Alle Studierenden mit Matrikelnummer zwischen 123 und 456 bestehen die Klausur InfI. Hier sei zusätzlich das 1-stellige Prädikat *besteht_InfI* gegeben.

$$\forall x \in \{s \in Student \mid \exists m \in \mathcal{N} : matr(s,m) \land 123 \leq m \land m \leq 456\} : besteht\_InfI(x)$$

Falls das 2-stellige Prädikat *bestehen* gegeben ist, das feststellt, ob ein Student eine Klausur (durch einen Namen bezeichnet) besteht, kann der Sachverhalt noch etwas flexibler ausgedrückt werden:

$$\forall x \in \{s \in Student \mid \exists m \in \mathcal{N} : matr(s,m) \land 123 \leq m \land m \leq 456\} : bestehen(x, InfI)$$

(iii) Alle Studierenden mit Matrikelnummer zwischen 123 und 456 bestehen die Klausur InfI und mindestens eine weitere Klausur.

$$\forall x \in \{s \in Student \mid \exists m \in \mathcal{N} : matr(s,m) \land 123 \leq m \land m \leq 456\} : bestehen(x, InfI) \land$$
$$\exists k \in Klausurmenge : bestehen(x, k) \land \neg k = InfI \ \Box$$

Die Auswertung eines prädikatenlogischen Ausdruckes mit Quantoren erfolgt, indem für die quantifizierenden Variablen sukzessive die möglichen Werte aus dem jeweiligen Wertebereich der Variablen eingesetzt und die Wahrheitswerte des entstandenen Ausdrucks untersucht werden.

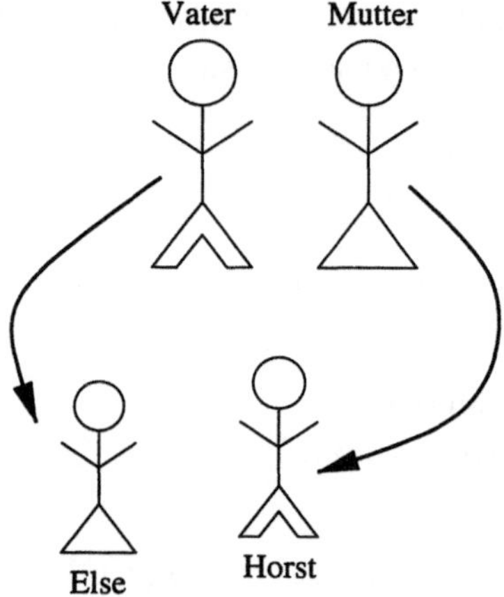

Abbildung 2.1: Familienliebe

Beispiel 2.12

Seien $x, y \in \{Mutter,\ Vater,\ Horst,\ Else\}$ wie in Abbildung 2.1 dargestellt. Wir untersuchen den Wahrheitswert des Ausdrucks: $\forall x\ kind(x)\ \exists y\ liebt(y, x)$. Umgangssprachlich bedeutet dieser Ausdruck: Für alle x, für die die Eigenschaft „kind" erfüllt ist, gibt es eine Person y, die x liebt. Da (nach der Skizze) der Vater Else und die Mutter Horst liebt, ist die Aussage wahr.

Beim Ersetzen von quantifizierten Variablen durch ihre möglichen Werte wird in der Prädikatenlogik „von innen nach außen" vorgegangen! Dies muss bei mehrfacher Verwendung des gleichen Variablennamens genau beachtet werden.

Beispiel 2.13

Wir betrachten wiederum die Familie aus Beispiel 2.12 und untersuchen den Wahrheitswert der Aussage $\forall x \; kind(x) \; \exists x \; liebt(x, x)$.

Die beiden Vorkommen von x in $liebt(x, x)$ werden an den Existenzquantor, das x in $kind(x)$ an den Allquantor gebunden. Daher lautet die umgangssprachliche Bedeutung des Ausdruckes: Für alle x, für die die Eigenschaft *kind* zutrifft, gibt es eine Person x, die sich selbst *liebt*. Da nach unserer Skizze in dieser Familie niemand sich selbst liebt, ist die Aussage falsch.

2.2.2 Rechenregeln für Quantoren

Wie schon für Ausdrücke der Aussagenlogik gibt es für die Prädikatenlogik ebenfalls Rechenregeln, die Ausdrücke umformen und vereinfachen können. Insbesondere besteht zwischen All- und Existenzquantor fogende Beziehung:

$$\forall x \in M : p(x) \quad \Leftrightarrow \quad \neg \exists x \in M : \neg p(x)$$

Die Eingenschaft p gilt für alle Elemente von M genau dann, wenn es kein Element von M gibt, für das p nicht gilt.

Entsprechendes lässt sich mit der Regel der doppelten Verneinung herleiten.

Beispiel 2.14

Wir betrachten den prädikatenlogischen Ausdruck $\forall x \in M : \neg p(x)$, d. h. für alle Elemente von M gilt die Eigenschaft p nicht. Wie lässt sich dieser Sachverhalt unter Benutzung des Existenzquantors ausdrücken? Wir verwenden obige Regel und erhalten

$$\forall x \in M : \neg p(x) \quad \Leftrightarrow \quad \neg \exists x \in M : \neg \neg p(x)$$

Nun können wir die Regel der Doppelten Verneinung aus Tabelle 2.3 einsetzen und erhalten

$$\forall x \in M : \neg p(x) \quad \Leftrightarrow \quad \neg \exists x \in M : \neg\neg p(x)$$
$$\Leftrightarrow \quad \neg \exists x \in M : p(x)$$

Damit haben wir mit Rechenregeln (die tatsächlich nur Umformungsregeln sind) den folgenden Zusammenhang nachgewiesen: Die Eigenschaft p gilt genau dann für alle Elemente von M *nicht*, wenn es kein Element von M gibt, für das sie gilt. Ähnlich lässt sich folgender Zusammenhang herleiten:

$$\neg \forall x \in M : p(x) \quad \Leftrightarrow \quad \exists x \in M : \neg p(x)$$

Die Eigenschaft p gilt genau dann nicht für alle Elemente von M, wenn es (mindestens) ein Element von M gibt, für das sie nicht gilt. $\square$

Wir fassen diese beiden wichtigen *Umformungsregeln* noch einmal zusammen:

$$\forall x \in M : \neg p(x) \quad \Leftrightarrow \quad \neg \exists x \in M : p(x)$$
$$\neg \forall x \in M : p(x) \quad \Leftrightarrow \quad \exists x \in M : \neg p(x)$$

Aufgabe 2.6

Formulieren Sie für die folgenden umgangssprachlichen Formulierungen prädikatenlogische Aussagen. Dabei sei das *kursive* Wort ein vorgegebenes Prädikat. Denken Sie daran, die Individuenmengen jeweils vorher festzulegen (*Sei M die Menge der ...*).

1. Alle Japaner können Japanisch *sprechen*.

2. Japaner sind die einzigen Menschen, die *gelb sind*.

3. Menge aller Personen *mit Namen* „Bernd", die *älter als* 30 sind. Tip: vergleichen Sie nicht ein Personen-Individuum mit einer Zeichenreihe oder einer Zahl, sondern nur die diesem Individuum durch ein Prädikat zugeordnete Zeichenreihe oder Zahl!

4. Für jede Datenübertragung gibt es eine Protokolldatei *mit* gleichem *Datum*.

5. Nur für Datenübertragungen *mit Fehlerfall* gibt es eine Protokolldatei *mit* gleichem *Datum*.

6. Es gibt kein Tier, das *sprechen kann*.

7. Es gibt ein Passwort für das gilt, dass man mit diesem alle Passworte *ändern kann*. Tip: Das Prädikat *kann_ ändern* ist 2-stellig.

8. Alle Lieferanten können mindestens ein Produkt *liefern*.

9. Es gibt Systemzustände, in denen nicht alle grafischen Objekte *auf Klick reagieren*.

10. Wenn eine Web-Seite auf eine andere *verlinkt*, und diese auf eine weitere, dann folgt, dass man von der ersten die letztgenannte *erreichen kann*.

2.2.3 Mengen und Prädikate

In Beispiel 2.11 auf Seite 21 haben wir gesehen, dass eine Menge von Elementen exakt durch einen Prädikatenausdruck, den genau diese Individuen erfüllen, beschrieben werden kann. Wir wollen uns hier kurz die wesentlichen Zusammenhänge zwischen dem Rechnen mit prädikatenlogischen Ausdrücken und Mengen klarmachen.

Eine Menge M kann definiert werden durch:

1. Einfaches Aufzählen aller ihrer Elemente (was natürlich nur bei kleinen Mengen Spaß macht).

   Beispiele: $M_1 = \{1, \text{rot}, \text{grün}, \text{blau}\}$, $M_2 = \{1, 2, 3, 6, 7, 111, \text{grün}\}$

2. Durch die Beschreibung der Elemente durch ihre Eigenschaften in Form eines prädikatenlogischen Ausdrucks, den die Elemente erfüllen müssen.

   Beispiele: $M_3 = \{s \in \mathcal{N} \mid \exists n \in \mathcal{N} : n * 2 = s\}$, also genau die unendlich große Menge der geraden Zahlen.

   $M_4 = \{s \in \text{Personen} \mid hatName(s, \text{„Bernd"})\}$, wobei $hatName$ ein Prädikat ist, das den Namen einer Person mit einer Zeichenreihe vergleicht.

3. Durch eine *Mengenoperation* zwischen anderen Mengen.

   Beispiele:

   Vereinigungsmenge $M_5 = M_1 \cup M_2$ ist definiert als $M_5 = \{s \mid s \in M_1 \vee s \in M_2\}$

   Schnittmenge $M_6 = M_1 \cap M_2$ ist definiert als $M_6 = \{s \mid s \in M_1 \wedge s \in M_2\}$

   Differenzmenge $M_7 = M_1 \setminus M_2$ ist definiert als $M_7 = \{s \mid s \in M_1 \wedge \neg s \in M_2\}$

   Mit den Mengen M_1 und M_2 von oben ergibt sich: $M_5 = \{1, 2, 3, 6, 7, 111, \text{rot}, \text{grün}, \text{blau}\}$, $M_6 = \{1, \text{grün}\}$ und $M_7 = \{\text{rot}, \text{blau}\}$.

Daneben gibt es auch noch Beziehungen zwischen Mengen, die natürlich auch über die Prädikatenlogik definiert werden können. Zu nennen ist hier: *teilmenge_von*(M_1, M_2), in Zeichen $M_1 \subset M_2$, ist definiert als: $\forall x \in M_1 : x \in M_2$.

Mengenoperationen lassen sich visuell veranschaulichen, indem die Mengenelemente umschlossen werden. Abbildung 2.2 auf der nächsten Seite zeigt die Mengenoperationen an obigem Beispiel.

Mit diesem Sprachgerüst können wir nun auch typische Mehrdeutigkeiten der natürlichen Sprache (nicht nur der deutschen) mit möglichen Interpretationen in der Prädikatenlogik vergleichen.

Wir machen den Selbsttest: Was bedeutet eigentlich exakt ...

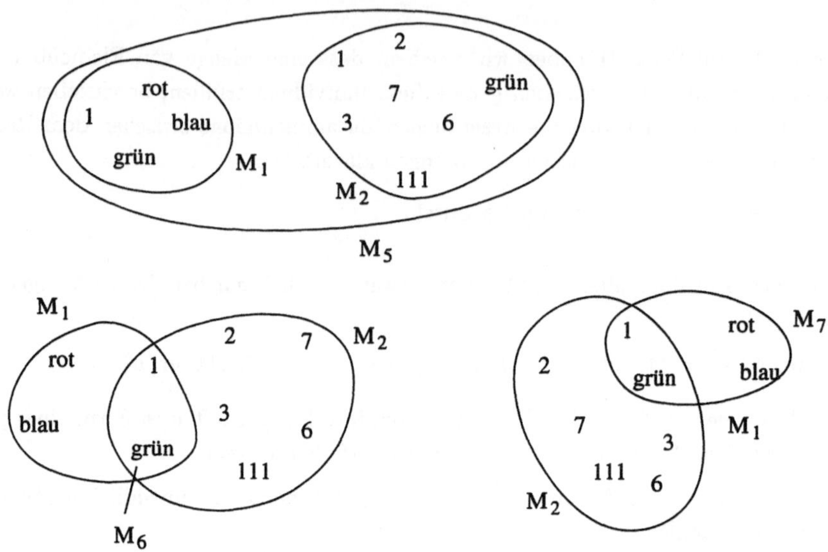

Abbildung 2.2: Graphische Darstellung der Mengenoperationen

- Die teuren *und* guten Autos? Ist das eine Automenge, die durch ∩ oder ∪ hervorgeht? (Welche Autos eventuell dazu gehören, überlassen wir dem Leser)

  oder unverfänglicher der Satz:

- Ich möchte rote und grüne Äpfel: muss ein ausgewählter Apfel dann immer ein paar rote und auch grüne Stellen haben oder gebe ich mich auch mit ganz roten und ganz grünen Äpfeln in meiner Tüte zufrieden?

Ein anderes vereinfachtes Beispiel: Bei der Beschreibung einer graphischen Oberfläche finden wir den Satz „Nur Buttons sind klickbar". Das bedeutet wohl, dass ich z. B. nicht auf Texte klicken kann, aber kann ich auf *jeden* Button klicken?

Exakt könnte man den Sachverhalt so festlegen: Sei B Menge der Buttons und G Menge aller graphischen Objekte mit $B \subset G$, $\neg(\exists g \in G \setminus B) : klickbar(g)$. Dies schließt nicht aus, dass auch Buttons deaktiviert und dann nicht klickbar sind.

Im Unterschied dazu kann man formulieren: $\forall g \in B : klickbar(g)$ (Alle Buttons sind klickbar) oder $\forall g \in B : klickbar(g) \wedge \neg(\exists g \in G \setminus B) : klickbar(g))$ (Genau die Buttons – alle und nur die – sind klickbar).

Damit drücken *nur* und *alle* in dieser *Übersetzung* verschiedene Sachverhalte aus. $\forall g \in$

B *klickbar*(g) ist nicht äquivalent oder folgerbar aus $\neg \exists g \in G \setminus B$ *klickbar*(g) (oder umgekehrt).

Entsprechende Mehrdeutigkeiten können natürlich in allen Anwendungsbereichen der Informatik leicht gefunden werden (z. B. für eine Datenbankabfrage *nur* Lieferanten finden, die rote *und* große Mützen auf Lager haben etc.). Ein Ein-Zeilen-Ausdruck beugt hier einer falsch verstandenen Aufgabenstellung vor.

2.3 Relationen

In der Informatik müssen häufig Aussagen über *Beziehungen* zwischen Individuen aus *mehreren Mengen* festgelegt werden, z.B. über Daten in Datenbanken, erlaubte Eingabekombinationen in den verschiedenen Elementen eines User Interface oder die Zuordnung von Steuerbefehlen und deren Wirkungen in technischen Systemen. Hier hilft der Begriff der *Relation*. Wir haben bereits die Festlegung von Beziehungen zwischen Individuen aus verschiedenen Mengen durch mehrstellige Prädikate kennen gelernt. Wenn wir nun alle Individuen-Kombinationen, die ein bestimmtes mehrstelliges Prädikat erfüllen, aufsammeln, erhalten wir eine Relation. In einer Relation finden sich also alle Individuen-Kombinationen aus (verschiedenen, beliebigen) Mengen wieder, die in einer (durch ein Prädikat festgelegten) *Beziehung* stehen. Eine einzelne Individuen-Kombination nennen wir *Tupel* (n-stellig bei n-stelligem zugrunde liegenden Prädikat). Das Individuum an der i-ten Stelle ist die *i-te Komponente* des Tupels.

Eine Relation ist also eine Menge von Tupeln, die sich wiederum aus Komponenten zusammen setzen. Solch eine Menge von gleich strukturierten Tupeln lässt sich gut in Tabellenform darstellen.

Beispiel 2.15
Das Tupel $(s_1, WInf, 1234)$ stellt die Beziehung zwischen Student(-Variable) s_1, Studiengang $WInf$ und der Matrikelnummer 1234 her. Die Menge der gültigen Individuen-Kombinationen (Tupel) bildet wieder eine Menge (hier z. B. die Menge der gültigen Studentendatensätze). Die Tupelmenge $\{(s_1, WInf, 1234), (s_{27}, MInf, 5678), \ldots\}$ kann dann als dreispaltige Tabelle dargestellt werden, deren Spaltenüberschriften gerade die *Grundmengenbezeichner* sind. Dies ist in Tabelle 2.4 skizziert.

Eine n-stellige Relation ist immer eine Teilmenge der Menge *aller* Kombinationen der n beteiligten Mengen (die *Grundmengen* der Relation). Die Menge aller Kombinationen heißt *Kartesisches Produkt* oder *Kreuzprodukt* und wird (bei n Grundmengen $M_1, \ldots, M_n$) mit $M_1 \times M_2 \times \ldots \times M_n$ bezeichnet. Bei 1000 Studierenden, 5 Studiengängen und 10.000

Student	Studiengang	Matrikelnummer
s_1	WInf	1234
s_{27}	MInf	5678
...	...	...

Tabelle 2.4: Tupelmenge in Tabellendarstellung

zur Verfügung stehender 4-stelliger Matrikelnummern wären das 50 Millionen Tupel (das Produkt der Mengengrößen) im kartesischen Produkt. Es ist klar, dass die Relation der korrekten Studentendatensätze nur einen Bruchteil ausmacht, der aber durchaus sehr groß sein kann.

Häufig werden auch *beliebige* Produkte über *einer* Menge betrachtet. Sei z. B. $A = \{a, b, \ldots, z, A, B, \ldots, Z\}$ das Alphabet. Die Menge der deutschen Wörter sind dann Elemente aus $A \cup A \times A \cup A \times A \times A \cup \ldots$, also Buchstaben-Tupel. Kürzer ist es hier, mit A^i zunächst die Wörter der Länge i zusammenzufassen, die aus Buchstaben aus A zusammengesetzt sind. A^1 enthält damit die einzelnen Buchstaben ($A^1 = A$), als Spezialfall enthält A^0 das ausgezeichnete sogenannte *leere Wort* ϵ, das die Länge 0 hat. A^* bezeichnet die Menge aller Wörter über A, $A^* = \bigcup_{i \geq 0} A^i$.

In Computer-Anwendungen werden häufig Mengen von Tupeln einer Relation verarbeitet. Da Relationen sehr groß sein können (auch unendlich groß), werden die Elemente nicht einzeln aufgeführt, sondern durch ein *Verfahren* (*Algorithmus*, siehe Kapitel 6) beschrieben, das berechnet, ob ein gegebenes Tupel Element der Relation ist.

Beispiel 2.16 (Relationen)

1. Sei S die Menge aller Nachnamen von Studenten, F Menge aller Studiengänge und $\mathcal{N}$ die natürlichen Zahlen. Die Relation *Studentendatensätze* ist eine echte Teilmenge von $S \times F \times \mathcal{N}$. Natürlich lässt sich diese Menge durch Bedingungen der Realität noch weiter einschränken, z. B. kommt jede Zahl aus $\mathcal{N}$ höchstens einmal vor, oder jede Kombination aus $\mathcal{N} \times F$ gibt es nur einmal. Was heißt das für den Einschreibmodus?

2. Das von außen beobachtbare Verhalten eines Programmes kann man als Relation sehen, die jeder Eingabe eine Ausgabe zuordnet, also *Eingabe* $\times$ *Ausgabe*.

3. In einem graphischen User-Interface (GUI) besteht die komplette Eingabe aus der Kombination der Eingaben in den einzelnen GUI-Komponenten. Also wird beispielsweise der Menge der erlaubten Eingaben aus *Dialogsprache* $\times$ *Vorkenntnisse* $\times$ *Lerntempo* eine Ausgabe aus *Nationalhymne* $\times$ *Begrüßung* zugeordnet. Konkret bedeutet

dies etwa: Anklicken der französichen Landesfahne, Ankreuzen von „gering" und Arretieren eines Schalters auf Stufe 3 führt zum Erklingen der französichen Nationalhymne und dem ersten französichen Begrüßungstext auf dem Bildschirm.

4. Die Relation „kleiner" (in Zeichen $<$) auf den natürlichen Zahlen $\mathcal{N}$ bildet eine unendlich große Relation: „$<$" $= \{(k, g) \mid k, g \in \mathcal{N} \wedge k < g\}$

5. Wenn wir die beteiligten Grundmengen auf $\{1, 3, 7, 9\}$ und $\{2, 5\}$ einschränken, können wir die Elemente der Relation $<$ aufzählen:
$$\{(k, g) \mid k \in \{1, 3, 7, 9\}, g \in \{2, 5\} \wedge k < g\} = \{(1, 2), (1, 5), (3, 5)\} \subseteq \{1, 3, 7, 9\} \times \{2, 5\}$$

6. Die Relation *hatBestellt* ist eine Teilmenge des kartesischen Produkts Kunde $\times$ Artikel $\times$ Anzahl, z. B. $\{$(Hugo, Schraube, 10), (Elke, Nagel, 100), (Elke, Schraube, 100), ...$\}$.

7. Die Relation *hatMatNr* ist eine Teilmenge des kartesischen Produkts Student $\times \mathcal{N}$, die Relation zwischen Studenten und ihren Matrikelnummern.

8. Die Relation *hatName* ist eine Teilmenge des kartesischen Produkts Person $\times$ Zeichenreihe, die Relation zwischen Personen und ihrem Namen. $\square$

Aufgabe 2.7
Bestimmen Sie die Elemente der Relation *istTeilerVon* $\subseteq \{1, 2, ..., 10\} \times \{1, 2, ..., 15\}$, wobei die erste Komponente die zweite teilen soll, aber nicht 1 oder die Zahl selber ist.

Aufgabe 2.8
Beschreiben Sie obige Menge durch einen prädikatenlogischen Ausdruck.

Aufgabe 2.9
Ist das Tupel (1, rot, 3) aus dem Kreuzprodukt $\mathcal{N} \times \{$blau, rot$\} \times \{5, ..., 15\}$? Begründen Sie Ihre Entscheidung.

2.3.1   Eigenschaften von Relationen

Im Beispiel 2.15 (Studentendatensatz) haben wir schon einige Eigenschaften von Relationen kennengelernt. Wir führen nun weitere Eigenschaften und ihre Bezeichnungen ein. Damit können wir kompakt Aussagen über Relationen festlegen. Wir beschränken uns hier auf Relationen über zwei Grundmengen. Diese Beschränkung ist aber keine Einschränkung, da bei $n > 2$ Grundmengen die zweite bis n-te Grundmenge wieder als Kreuzprodukt zu *einer* Menge zusammengefasst werden kann.

Im Folgenden sei $R \subseteq A \times B$ eine Relation und, wenn nicht anders gesagt, $a \in A$ und $b \in B$. Das Prädikat in den Beispielen deuten wir durch *Kursivschrift* an.

1. R heißt *linkstotal* $:\Longleftrightarrow \forall a \; \exists b : R(a,b)$

   Beispiel: alle Eingaben a in ein System *erzeugen* auch eine Antwort b.

2. R heißt *rechtstotal (surjektiv)* $:\Longleftrightarrow \forall b \exists a : R(a,b)$

   Beispiel: Für alle Datensätze b in einem Datenbank-System gibt es einen Suchwert a, über den sie *gefunden* werden können.

3. R heißt *bitotal* $:\Longleftrightarrow R$ ist linkstotal und rechtstotal.

4. R heißt *linkseindeutig (injektiv)* $:\Longleftrightarrow \forall x,y,z : \; R(x,y) \wedge R(z,y) \Rightarrow x = z$

   Beispiel: Wenn zwei Studierende x und z die *gleiche Matrikelnummer* y haben, dann muss es ein und derselbe Studierende sein ($x = z$). Die Relation $R \subseteq$ Student $\times$ Matrikelnummer ist injektiv. Ein Beispiel für eine nicht injektive Relation ist $R \subseteq$ Student $\times$ Namen, da es verschiedene Studierende mit dem gleichen Namen geben kann.

5. R heißt *rechtseindeutig* $:\Longleftrightarrow \forall x,y,z : \; R(x,y) \wedge R(x,z) \Rightarrow y = z$

   Beispiel: Das Programm, das einer Eingabe eine Ausgabe zuordnet, sollte (!) eine rechtseindeutige Relation sein, d. h. es wird zu einer Eingabe stets die gleiche Ausgabe produziert. Oder auch: *hatName(student, name)* ist rechtseindeutig, wenn kein Student mehrere Namen haben kann.

6. $R \subseteq A \times B$ ist eine *Funktion* (auch: *Abbildung*) $:\Longleftrightarrow R$ ist linkstotal und rechtseindeutig, d. h. *jedem* Element von A wird ein Wert aus B *eindeutig* zugeordnet.

   Beispiel: *hatMatr(student,nummer)* sollte eine Funktion sein.

   Für Funktionen benutzt man in der Regel nicht die Relationenschreibweise, sondern man schreibt $f : A \to B$, um die Idee der Abbildung jedes einzelnen Elements aus A auf ein Element aus B zu veranschaulichen.

7. Rechtseindeutige Relationen, die *nicht* linkstotal sind, werden auch als *partiell definierte Funktionen* $f : A \to B$ bezeichnet: Das Bild $f(a)$ ist für ein Element $a \in A$ eindeutig bestimmt oder aber undefiniert. Beispiel: *Adresse_vor_Ort(Student, Anschrift_am_Studienort)*.

8. R ist Funktion und *eineindeutig (bijektiv)* $:\Longleftrightarrow R$ ist Funktion und rechtstotal und linkseindeutig. A und B müssen hier gleichgroß sein (warum?).

Aufgabe 2.10

Die Eigenschaften 1 bis 7 lassen sich auch gut als Bild visualisieren, indem A und B als kleine Mengen (analog zu Abbildung 2.2 auf Seite 26) und die Zuordnung durch die Relation R durch Pfeile zwischen Elementen der Mengen dargestellt wird. Überlegen Sie sich für A und B passende Mengen und stellen Sie die Eigenschaften 1 bis 7 dar.

Bisher haben wir Relationen über unterschiedlichen Mengen betrachtet. Ist die Relation über *einer* Menge definiert, d. h. beschreibt sie Beziehungen zwischen Elementen derselben Menge, kann man die folgenden Eigenschaften definieren.

Es sei $R \subseteq M \times M$ und, wenn nicht anders gesagt, gelte jeweils $x, y, z \in M$.

8. R heißt *reflexiv* $:\Longleftrightarrow \forall x \in M : R(x, x)$

   Beispiel: Sei M Menge der Computer eines Netzwerkes, R die Relation Computer *hat_Verbindung_zu* Computer. R ist reflexiv, da jeder Computer immer Verbindung zu sich selbst hat.

9. R heißt *symmetrisch* $\Longleftrightarrow \forall x, y \in M : R(x, y) \Rightarrow R(y, x)$

   Beispiel: Wenn Computer x Verbindung zu Computer y hat, dann hat auch Computer y Verbindung zu Computer x. Gegenbeispiel: Mensch *liebt* Mensch; die Umkehrung gilt nicht immer.

10. R heißt *asymmetrisch* $:\Longleftrightarrow \forall x, y \in M : R(x, y) \Rightarrow \neg R(y, x)$

    Beispiel: Teil *hat_als_Bauteil* Teil

11. R heißt *identitiv* $:\Longleftrightarrow \forall x, y \in M : R(x, y) \wedge R(y, x) \Rightarrow x = y$

    Beispiel: Zahl *kleiner_gleich* Zahl

12. R heißt *konnex (vollständig)* $:\Longleftrightarrow \forall x, y \in M : R(x, y) \vee R(y, x)$

    Beispiel: Ganze Zahl *kleiner_gleich* (in Zeichen: $\leq$) ganze Zahl. Man kann jede Zahl bezüglich *kleiner_gleich* vergleichen.

13. R heißt *transitiv* $:\Longleftrightarrow \forall x, y, z \in M : R(x, y) \wedge R(y, z) \Rightarrow R(x, z)$

    Beispiel: *hat_Verbindung_zu*. Sammelt man auf diese Weise alle zu einem Individuum x in Relation R stehenden Individuen auf, erhält man die *transitive Hülle* von x bezüglich R. Mit R von oben erhält man so alle Computer eines Netzwerkes. *hat_als_Bauteil* ist ebenfalls transitiv. Die transitive Hülle eines Teils ist seine Stückliste.

14. R heißt *Äquivalenzrelation* $:\Longleftrightarrow R$ ist reflexiv, symmetrisch und transitiv.

Relationen, insbesondere Funktionen, können miteinander verknüpft werden. Sei etwa *berechne* $: A \rightarrow B$ eine Abbildung, die zu jedem $a \in A$ ein Ergebnis $b \in B$ berechnet, sei *drucke* $: B \rightarrow Ausgabe$ die Funktion, die jedes $b \in B$ ausgibt. Dann ist *berechne* $\circ$ *drucke* $: A \rightarrow Ausgabe$ die zusammengesetzte Funktion, die zunächst zu $a \in A$ das Ergebnis berechnet und dieses ausgibt. Statt der $\circ$-Notation wird ebenfalls eine Klammerschreibweise verwendet: *drucke(berechne(a))* bezeichnet die Anwendung von *drucke* auf das Ergebnis von *berechne(a)*.

Aufgabe 2.11

Geben Sie Beispiele zu allen Eigenschaften an, z. B. aus der Arithmetik über den natürlichen Zahlen $\mathcal{N}$ oder aus der Anwendung *Studentendatenbank* (Beispiel 2.15 auf Seite 27).

2.3.2 Äquivalenzrelationen

Äquivalenzrelationen sind Relationen, die reflexiv, symmetrisch und transitiv sind. Diese Eigenschaften treffen auf zahlreiche Relationen zu, auf Beispiele aus dem Alltag ebenso wie auf Anwendungen der Informatik: „ist verwandt mit", „im gleichen Semester wie", „ist vernetzt mit", „hat gleiche Hardware-Konfiguration wie"!

Äquivalenzrelationen ermöglichen es, die betrachtete Grundmenge schnittmengenfrei in Teilmengen aufzuteilen (zu *partitionieren*), in denen genau die äquivalenten Elemente zusammengefasst werden. Abbildung 2.3 zeigt dies exemplarisch für eine Menge M. Beispielsweise stehen die Elemente a und b bzgl. der dargestellten Äquivalenzrelation in Beziehung, die Elemente a und c nicht.

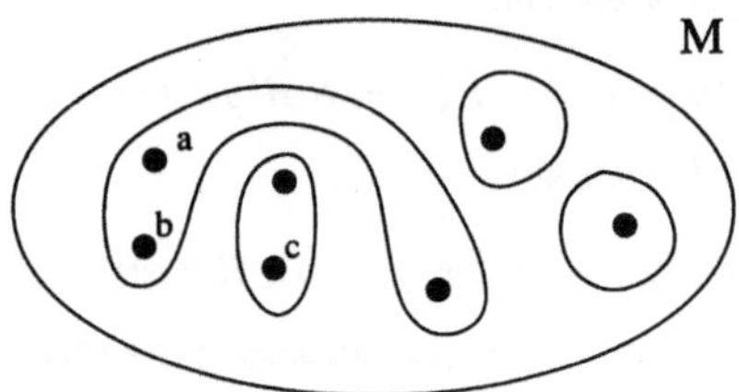

Abbildung 2.3: Partitionierung durch eine Äquivalenzrelation

Die einzelnen Teilmengen äquivalenter Elemente werden auch als *Äquivalenzklassen* bezeichnet. Die Äquivalenzrelation hat dabei den Charakter eines Ähnlichkeitsvergleiches der Elemente der Grundmenge nach bestimmten Kriterien. Eine Verallgemeinerung des Ähnlichkeitsbegriffs führt zu einer gröberen Partition, eine Verfeinerung zu mehr und kleineren Äquivalenzklassen.

Beispiel 2.17

Sei M der Buchbestand einer Bibliothek.

(i) Die Bücher werden zunächst nach dem Erscheinungsjahr katalogisiert.

(ii) In einem nachfolgenden Schritt werden innerhalb des Erscheinungsjahres die Bücher nach ihren Verlagen sortiert.

Sowohl *Erscheinungsjahr* als auch *Verlag* ermöglicht eine Äquivalenzrelation auf der Bü-
chermenge. Durch (ii) wird die Sortierung aus (i) verfeinert.

Äquivalenzrelationen sind für die Software-Entwicklung sehr interessant, da ähnliche
Probleme in Probemklassen zusammengefasst werden können. Ist eine passende (grobe
oder feine) Äquivalenzrelation gefunden, können sich Informatik-Lösungen auf jeweils einen
Vertreter einer Klasse konzentrieren (eine sogenannte Referenzlösung/Referenzanwendung)
und liefern dann auch für die anderen Elemente der Klasse eine passende Lösung.

Betrachten wir nun eine Klassenbildung auf der Menge der möglichen Verfahren zur
Verwaltung einer Bibliothek.

1. Es genügt eine Datenbanklösung für alle Elemente einer (Problem-)Klasse, da die
   Struktur und die Vorgänge in diesen Bibliotheken „gleich" sind.

2. Noch einfacher wird die Entwicklung, wenn man sich eines *Referenzmodells* einer Bibliothek (eines Bibliotheksverfahrens) bedient, d. h. die Beschreibung einer idealisier-
   ten Bibliothek, die nicht existieren muss, aber die in der Zielklasse liegen würde, zu
   der eine Lösung konstruiert werden soll. Ein solches Referenzmodell hat den Vorteil,
   dass alle Eigenschaften, die für die Äquivalenzrelation nicht relevant sind (z. B. Anzahl
   der Bücher, Geschlecht der Nutzer), erst gar nicht betrachtet werden. Nichts anderes
   machen Entwickler von Standard-Software.

3. Besser ist es, wenn sich die Referenz-Anwendung einer Klasse leicht in eine Referenzanwendung anderer Klassen überführen lässt. Wenn dann das implementierte
   System ebenfalls anpassbar ist, können wir sogar *anpassbare* Standard-Software einsetzen, die für viele ähnliche Klassen von Anwendungen konstruiert wurde. Damit
   verdienen Standard-Software-Hersteller und Berater, die diese Anpassungen vorneh-
   men, viel Geld.

4. Eine umgekehrte Möglichkeit ist die Anpassung betrieblicher Abläufe an eine bestehen-
   de Referenzanwendung. Dadurch kann das zu lösende Problem einer neuen Problem-
   klasse zugeordnet werden, für die es bereits Standardsoftware als Lösung gibt. Diesen
   Anpassungsprozess nennt man Reengineering oder Neuorganisation der betrieblichen
   Abläufe.

Aufgabe 2.12
Geben Sie drei Äquivalenzklassen aus dem täglichen Leben mit passender Relation an und
definieren Sie die zugehörige Äquivalenzrelation.

Aufgabe 2.13

Ist die Relation „haben mindestens einen gleichen Primteiler" eine Äquivalenzrelation? Warum (nicht)? Weisen Sie Ihre Behauptung nach, indem Sie die drei charakterisierenden Eigenschaften einer Äquivalenzrelation überprüfen.

Aufgabe 2.14

Nennen Sie verschiedene Klassen von Computerspielen und versuchen Sie, den Ihrer Klasseneinteilung zugrunde liegenden Äquivalenzbegriff zu beschreiben. Nennen Sie jeweils einen bekannten Vertreter der Klassen.

Kapitel 3

Formale Sprachen

Formale Sprachen sind durch zwei Eigenschaften charakterisiert: Zum einen ist ihre Syntax nach festen Regeln bestimmt. Diese legen eindeutig und unmissverständlich den korrekten Aufbau von Elementen der Sprache fest. Zum anderen verfügen formale Sprachen über eine eindeutig bestimmte Semantik, die jedem syntaktisch korrekten Sprachelement eine feste Bedeutung zuordnet. Diese Eigenschaften grenzen formale von natürlichen Sprachen ab. Zwar ist auch in vielen natürlichen Sprachen die Syntax nach festen (Schreib-)Regeln eindeutig. Die Semantik einer natürlichen Sprache lässt sich jedoch nicht als Zuordnung einer Bedeutung zu einzelnen Sätzen definieren, da sich deren Sinn häufig erst durch Betonung, Kontextwissen und anderes erschließt.[1]

Mit der Logik (Aussagen- und Prädikatenlogik) haben wir bereits ein Beispiel für eine formale Sprache kennengelernt. In der Informatik bilden die Programmiersprachen die prominentesten Beispiele für formale Sprachen: Ihre Syntax und Semantik muss eindeutig definiert sein, damit ein Programm — unabhängig von der eingesetzten Hardware und Software — überall das gleiche Verhalten zeigt. Alle diejenigen, die eine solche formale Sprache anwenden wollen, müssen natürlich ihre Syntax lesen können und eine Vorstellung von der Semantik haben. Dabei wird nicht jeder unbedingt die Syntax einer Programmiersprache neu erfinden müssen. Aber auch schon Daten, die wir in einer Datei nach festen Mustern ablegen, bilden eine formale Sprache. Für ihre Weiterverarbeitung muss ihre Syntax bekannt sein. Ein anderes Beispiel ist die Art des Datenaustausches zwischen zwei Programmen über das Internet. Dies geschieht durch sogenannte Protokolle, die ebenfalls eine Art formaler Sprache darstellen.

---

[1]Eines der wohl eindrucksvollsten Beispiele zur Unterscheidung des syntaktischen vom semantischen „Verständnis" liefert der am Massachusetts Institute of Technology (MIT) lehrende Joseph Weizenbaum - ein renomierter Computer-Kritiker - mit dem „Psychoanalyse-Programm" ELIZA. Eingegebene Aussagesätze der „Patienten" wurden auf Subjekt, Prädikat und Objekt untersucht und mit einer Antwort-Floskel darauf Bezug genommen: „tell me more about *Subjekt*", „why does he/she *Prädikat*" etc. Ohne das geringste Verständnis der Semantik konnte sich so ein „echter" Dialog entwickeln.

Überall dort, wo wir Wörter, oder allgemeiner Daten, nach festen Regeln zu Sätzen zusammenbauen wollen, benötigen wir eine Beschreibung dieser formalen Struktur. Ein sehr populäres Beispiel für einen Beschreibungsformalismus strukturierter Daten ist XML (e*X*tensible *M*arkup *L*anguage). Mit XML können Klassen von ähnlichen Dokumenten für den Austausch von Daten im Internet beschrieben werden. Dabei wird sowohl die Syntax als auch das konkrete Dokument in XML beschrieben.

In diesem Kapitel wollen wir verschiedene Beispiele für formale Sprachen genauer betrachten und Beschreibungsweisen für Syntax und Semantik kennenlernen. Weiterführende Literatur z. B. für den Bereich Compilerbau sind [HU94, SSH95, ASU99].

3.1   Syntax und Semantik: Populäre Beispiele

Die folgenden Beispiele stammen aus dem alltäglichen Umfeld ebenso wie aus informatiktypischen Anwendungen.

Beispiel 3.1 (Ampelsprache)

Die Syntax ist durch die „Hardware" der Ampel vorgegeben. Ein Element der Sprache ist z. B. *rot* oder *grün*. Die Semantik, die *rot* zugeordnet ist, bedeutet *anhalten*, für *grün* bedeutet sie *fahren*, *rot* und *grün* gleichzeitig bedeutet *Defekt*. Die Syntax ist also durch die Ampelsignale gegeben, der Beschreibungsformalismus der Semantik ist hier ein natürlichsprachlicher Text, nämlich der entsprechende Paragraph der Straßenverkehrsordnung.
□

Beispiel 3.2 (Zahlensprache)

Betrachten wir das uns vertraute Dezimalsystem mit arabischen Ziffern. Die Syntax dieser Zahlensprache ist definiert durch: Jede Zahl ist eine Sequenz von Ziffern, wobei die erste nicht *0* ist.

Die Semantik ist definiert durch: Der Wert einer Zahl ist der Wert ihrer letzten Ziffer, vermehrt um den zehnfachen Wert der links davon stehenden Zahl, falls vorhanden. Beachten Sie, dass dies ein rekursives Verfahren ist, d. h. der Wert einer Zahl wird definiert durch die gleiche Rechenregel, in der der Wert einer kleineren Zahl verwendet wird.

Eine alternative Definition der Semantik kann *denotational* geschehen durch

$$\text{wertVon}(z_n z_{n-1} \ldots z_1 z_0) = \begin{cases} \text{wertVon}(z_n) * 10^n + \text{wertVon}(z_{n-1}) * 10^{n-1} \\ + \ldots \\ + \text{wertVon}(z_1) * 10^1 + \text{wertVon}(z_0) * 10^0 \end{cases}$$

wobei $z_i \in \{0, 1, \ldots, 8, 9\}$ und $\text{wertVon}(z) = 0$, wenn $z = \text{„0"}$, $\text{wertVon}(z) = 1$, wenn $z = \text{„1"}$, $\ldots \text{wertVon}(z) = 9$, wenn $z = \text{„9"}$. □

Beispiel 3.3 (EStG-Formular (Steuererklärung))
Die Syntax: Die Formulare der Einkommenssteuererklärung mit vielen bunten Feldern, in die man mal Text, mal Zahlen, mal Kreuzchen eintragen muss. Die Semantik: Festgelegt in einem komplizierten Rechenwerk von Steuergesetzen und Verwaltungsvorschriften, das sich nur wenigen Menschen erschließt. Das Ergebnis der Semantik-Berechnung ist dann (etwas vergröbert) eine Zahl (mit positivem oder negativem Vorzeichen). □

Beispiel 3.4 (Deutsche Mini-Sprache)
Wir wollen einen kleinen — endlichen — Ausschnitt der deutschen Sprache syntaktisch charakterisieren. Natürlich können wir die endlich vielen Sätze einfach aufzählen, was aber keinerlei Regelwissen über den deutschen Satzaufbau vermittelt. Wir geben zunächst an, aus welchen Komponenten in welcher Reihenfolge sich ein Satz zusammensetzt:

$$\text{Satz} \longrightarrow \text{Subjekt Prädikat Objekt.}$$

Wir erlauben also nur Sätze, die mit einem Subjekt beginnen, das von Prädikat und Objekt gefolgt wird. Jeder Satz endet mit einem Punkt.

$$
\begin{aligned}
\text{Subjekt} &\longrightarrow \text{Artikel Substantiv} \\
\text{Objekt} &\longrightarrow \text{Artikel Substantiv} \\
\text{Objekt} &\longrightarrow \epsilon
\end{aligned}
$$

Subjekte und Objekte sind gleich aufgebaut und bestehen aus einem Substantiv, dem ein Artikel vorangestellt ist. Als Objekt ist auch die leere Zeichenreihe (bezeichent mit ϵ) möglich. Dadurch sind Sätze ohne Objekt mit unserem kleinen Regelwerk ebenfalls erfasst.

Die bisherigen Regeln betreffen die Struktur der Sätze. Wie erhalten wir hieraus konkrete Sätze der deutschen Sprache? Hierfür müssen wir angeben, welche Wörter als Artikel, Substantiv und Prädikat zugelassen sind.

$$
\begin{aligned}
\text{Artikel} &\longrightarrow \text{die} \\
\text{Substantiv} &\longrightarrow \text{Studenten} \\
\text{Substantiv} &\longrightarrow \text{Dozenten} \\
\text{Prädikat} &\longrightarrow \text{prüfen} \\
\text{Prädikat} &\longrightarrow \text{verstehen}
\end{aligned}
$$

Mit diesen Regeln können wir nun Sätze wie „die Studenten verstehen die Dozenten" und „die Studenten prüfen die Dozenten" bilden. Den Umfang der erzeugten Sprache können wir durch Erweiterung der strukturellen Regeln (beispielsweise kann ein Satz auch nur aus Subjekt und Prädikat bestehen, also Satz $\longrightarrow$ Subjekt Prädikat.) oder durch Ausdehnung unseres Vokabulars (beispielsweise Prädikat $\longrightarrow$ ärgern) vergrößern. Wir wollen später noch einmal auf diese Sprache zurückkommen. □

Beispiel 3.5 (Mini-Programmiersprache)
Wir wollen eine kleine Programmiersprache entwerfen, mit der wir Zuweisungen und bedingte Anweisungen ausführen können. Das Grundelement der Sprache sei das `statement`,
das entweder eine Zuweisung der Form `variable := value` ist oder ein `if-statement`:

```
statement                 ⟶   assignment-statement
statement                 ⟶   if-statement
assignment-statement      ⟶   variable := value
```

Als Variablen lassen wir die Bezeichner `x` und `y` zu, als Wert ganze Zahlen oder Boole'sche
Werte (**true/false**).

```
variable  ⟶  x
variable  ⟶  y
value     ⟶  ..., -3, -2, -1, 0, 1, -2, ...
value     ⟶  true
value     ⟶  false
```

Die Struktur des `if-statements` müssen wir noch genauer angeben.

```
if-statement     ⟶   if expression
                     then then-statement
                     else else-statement
then-statement   ⟶   statement
else-statement   ⟶   statement
```

Die Bedingung `expression` im `if-statement` kann die logischen Vergleichsoperatoren gleich
(=), ungleich ($\neq$), kleiner (<) und größer (>) zwischen Variablen und Werten ausführen.

```
expression  ⟶   operand comparison operand
operand     ⟶   variable
operand     ⟶   value
comparison  ⟶   =
comparison  ⟶   ≠
comparison  ⟶   <
comparison  ⟶   >
```

Als Bedingung sind also etwa `x > 50` und `y ≠ x`, aber auch (wenig sinnvoll) `true < 100`
zugelassen. Ein Beispiel für ein syntaktisch korrektes `if-statement` ist

```
if x > 0
  then x := y
  else x := 0
```

Die Definition der *Semantik* einer formalen Sprache baut im wesentlichen auf zwei Informationen auf: Zum einen auf dem (syntaktisch korrekten) Satz der formalen Sprache, zum anderen auf dem aktuellen Zustand, d. h. konkret den Werten der Variablen und logischen Konstanten. Als einführendes Beispiel betrachten wir die Semantik der aus Kapitel 2 bekannten Aussagenlogik.

Beispiel 3.6 (Semantik aussagenlogischer Ausdrücke)
Wir betrachten den aussagenlogischen Ausdruck

$$a > 5 \ \lor \ b \neq a$$

Seine Berechnung liefert falsch, falls weder $a > 5$ noch $b \neq a$ gilt und sonst wahr. Mathematisch ausgedrückt ist die Semantik des Ausdrucks eine Wahrheitswertfunktion, die in Abhängigkeit von den aktuellen Werten von a und b wahr oder falsch liefert. Sei I diese Wahrheitswertfunktion, die sogenannte *Interpretation* logischer Formeln. Die Funktion I hat zwei Argumente: zum einen den zu interpretierenden Ausdruck, hier also eine $\lor$-Verknüpfung, zum anderen den aktuellen Zustand z, aus dem die Belegung der Variablen hervorgeht. Der Zustand z ist damit eine Abbildung, die den Variablen ihren aktuellen Wert zuordnet.

Seien konkret a, b Variablen mit Werten aus den natürlichen Zahlen. Der Zustand z ist dann eine Abbildung $z : \{a, b\} \to \mathcal{N}$ mit beispielsweise $z(a) = 4, z(b) = 1$.

Die Interpretation der $\lor$-Verknüpfung in einem Zustand z ist wie folgt definiert:

$$I(A \lor B)(z) = \begin{cases} \text{wahr}, & \text{falls } I(A)(z) = \text{wahr oder } I(B)(z) = \text{wahr} \\ \text{falsch}, & \text{sonst} \end{cases}$$

Sie bestimmt sich also aus der Interpretation der durch $\lor$ verknüpften Teilaussagen im Zustand z. Der Gesamtausdruck wird ausgewertet, indem sukzessive seine Teilausdrücke ausgewertet und die Auswertungsergebnisse dem verwendeten logischen Operator entsprechend verknüpft werden.

Im konkreten Beispiel bedeutet dies

$$I(a > 5 \lor b \neq a)(z) = \begin{cases} \text{wahr}, & \text{falls } I(a > 5)(z) = \text{wahr oder } I(a \neq b)(z) = \text{wahr} \\ \text{falsch}, & \text{sonst} \end{cases}$$

Die Interpretation arithmetischer Vergleichsoperationen ist wie naheliegend definiert:

$$I(a > 5)(z) = \begin{cases} \text{wahr}, & \text{falls } z(a) > 5 \\ \text{falsch}, & \text{sonst} \end{cases}$$

und

$$I(b \neq a)(z) = \begin{cases} \text{wahr}, & \text{falls } z(b) \neq z(a) \\ \text{falsch}, & \text{sonst} \end{cases}$$

Dann gilt $I(a > 5)(z)$ = falsch, $I(b \neq a)(z)$ = falsch und daher auch $I(a > 5 \;\vee\; b \neq a)(z)$ = falsch. $\square$

Aufgabe 3.1
Definieren Sie die Semantik einer $\wedge$-Verknüpfung $A \wedge B$ im Zustand z und werten Sie diese sukzessive nach dem vorgestellen Schema aus. Als Beispiel wählen Sie für die Aussage A „$b = 0$", für die Aussage B „a ist ein Vielfaches von 2" und $z(a) = 4, z(b) = 1$ als Zustand.

Die Semantik der Aussagen- und Prädikatenlogik lässt sich nach diesem Schema für alle syntaktischen Konstrukte mathematisch präzise festlegen. Dies ist die Voraussetzung für die maschinelle Auswertung von logischen Formeln, für automatische oder rechnergestützte Beweisverfahren und für Programmiersprachen wie PROLOG.

Die Semantik von Programmiersprachen wird je nach Verwendungszweck auf unterschiedliche Weisen definiert. Die *denotationale Semantik*, auch *deklarative Semantik* genannt, weist jedem Programmkonstrukt als Bedeutung eine Funktion zu, die die durch dieses Programmelement verursachten Zustandsänderungen erfasst. Diese Zustandstransformationen können miteinander verknüpft werden: Die Hintereinanderausführung der Funktionen beispielsweise entspricht der sequentiellen Verknüpfung der zugehörigen Anweisungen im Programm.

Beispiel 3.7 (Denotationale Semantik einer `if`-Anweisung)
Wir betrachten eine `if`-Anweisung einer beliebigen höheren Programmiersprache:

$$\texttt{if x > 5 then Statement}_1 \texttt{ else Statement}_2$$

Die Semantik der `if`-Anweisung wollen wir mit der Funktion I_{den} (wie denotational) bezeichnen, die ausgehend vom gegebenen Zustand z einen Folgezustand liefert. Dieser entspricht dem Folgezustand von Statement$_1$, falls die *if*-Bedingung x > 5 zutrifft und andernfalls dem Folgezustand von Statement$_2$.

$$I_{den}\begin{pmatrix} \texttt{if } x > 5 \\ \texttt{then Statement}_1 \\ \texttt{else Statement}_2 \end{pmatrix}(z) = \begin{cases} I_{den}(\text{Statement}_1)(z), & \text{falls } I_{den}(x > 5)(z) = \text{wahr} \\ I_{den}(\text{Statement}_2)(z), & \text{sonst} \end{cases}$$

Die denotationale Semantik erfasst als Bedeutung eines Programms die durch seine Ausführung bewirkte Zustandstransformation, mit anderen Worten das Ein-/Ausgabeverhalten des Programms. Damit können z. B. einige Aussagen über das Ergebnis eines Programms mathematisch bewiesen werden, was bei sicherheitskritischen Systemen sehr nützlich sein kann. Wie man dieses Verfahren bei der Programmentwicklung praktisch anwenden kann, zeigt z. B. [Dit96].

Im Gegensatz hierzu konzentriert sich die *operationale Semantik*, auch *prozedurale Semantik* genannt, auf die Art und Weise, *wie* diese Zustandsänderungen durchgeführt werden. Eine operationale Semantik für eine Programmiersprache kann etwa angeben, durch welche Folge von Aktionen ein Programm auf einer Referenzmaschine abgearbeitet werden soll (also welche Aktionenfolge es auslöst). Eine solche Referenzmaschine[2] kann dann auf verschiedenen Computer-Plattformen nachgebaut werden. Dem liegt das Grundprinzip der klassischen Computer (*John Von-Neumann Rechner*[3], nach dem ungarisch-amerikanischen Mathematiker und Computer-Pionier) zugrunde: Er arbeitet sequentiell elementare Befehle ab, holt Werte aus dem Speicher, verändert sie im Rechenwerk, schreibt neue Werte hinein und holt den nächsten Befehl, eventuell nach einem Wertvergleich mit Sprung zu einem anderen Befehl.

Beispiel 3.8 (Operationale Semantik einer `if`-Anweisung)
Seien Statement$_1$ und Statement$_2$ beliebige Anweisungen oder Anweisungsfolgen, a die Bezeichnung einer Speicherzelle. Die Interpretation I_{op}(Programmteil), die jedem syntaktisch korrekten Programmteil eine operationale Semantik zuordnet, definiert sich wie folgt:

I_{op}(`if a > 5 then` Statement$_1$ `else` Statement$_2$) =

Zeile	Code	Erläuterung
1	`load (a)`	hole Wert von a in das Rechenwerk
2	`is_greater (5)`	schreibe 1 (=true) oder 0 (=false) ins Rechenwerk
3	`cond_goto(Zeile 6)`	wenn im Rechenwerk 0 steht,dann gehe zu Zeile 6
4	`...`	Code für Statement$_1$
5	`goto(Zeile 7)`	
6	`...`	Code für Statement$_2$
7	`...`	Code für nächstes Statement

Beispiel 3.9 (Stein-Papier-Schere-Spiel)
Am Beispiel des bekannten Stein-Papier-Schere-Spiels wollen wir die Syntax und Semantik der Aktionen zweier Spieler zeigen.

---

[2]Eine Referenzmaschine ist kein realer Computer, sondern eine vereinfachte, „idealisierte" Maschine, die auf beliebigen Computern nachgebildet werden kann, z. B. eine JVM (Java Virtual Machine): Also ein Element einer ganzen Äquvalenzklasse von vergleichbaren Computern.

[3]J. von Neumann arbeitete in den 40er Jahren wesentlich an dem ersten amerikanischen Computer ENIAC mit.

Syntax: Das Paar (Stein,Papier) soll bedeuten, dass Spieler-1 Stein und Spieler-2 Papier gewählt hat. Die erlaubten Spieleraktionen sind die Elemente der Menge {Stein, Papier, Schere} × { Stein, Papier, Schere}.

Semantik: Die Semantik (oder Spielregeln) ordnet jedem dieser Paare einen Sieger oder eine Patt-Situation zu.

$$
\begin{aligned}
I_{den}(\text{Stein, Schere}) &= \text{Spieler-1} \\
I_{den}(\text{Papier, Papier}) &= \text{Patt} \\
\ldots &= \ldots
\end{aligned}
$$

I_{den} ist hier keine Wahrheitswertfunktion, sondern eine Abbildung von {Stein, Papier, Schere} × { Stein, Papier, Schere} nach { Spieler-1, Spieler-2, Patt }.

Im Game-Design bilden solche Festlegungen die möglichen Kampfkombinationen (die Syntax) und ihre Über/Unterlegenheitsbeziehungen (die Semantik) von Spielfiguren. Vereinfacht z. B. : Bogenschütze schlägt Lanzenträger, dieser schlägt Reiter und Reiter schlägt Bogenschütze.

Beispiel 3.10 (Dialogsequenzen in einem grafischen User-Interface)
Im Datei-Öffnen und -Speichern-Dialog können Laufwerk, Verzeichnis und Datei-Typ ausgewählt sowie ein Dateiname eingegeben oder selektiert werden. Die „Dialogsprache" erlaubt auch einige Varianten der Eingabefolge bzgl. Reihenfolge, Mausselektion, alternativer Button-Nutzung etc. Die Menge der möglichen Eingabefolgen bildet die Syntax der Sprache, die operationale Semantik der Eingabe führt dann zum Laden einer bestimmten Datei, von einem bestimmten Laufwerk, aus einem bestimmten Verzeichnis mit einem bestimmten Dateifilter. □

An den Beispielen sehen wir das Grundprinzip der Semantik-Beschreibungsformalismen: Die Semantik einer Sprache wird auf die Semantik einer einfacheren Sprache zurückgeführt, d. h. wir ersetzen und reduzieren auf etwas Bekanntes. Dabei wird auf die Semantik dieser einfacheren Sprachen verwiesen (und der Prozess der Semantikberechnung durch Ersetzung setzt sich fort) oder als Pragmatik bekannt vorausgesetzt und nicht weiter beschrieben (z. B. sind keine weiteren Erklärungen für Maschinenbefehle nötig).

Aufgabe 3.2 (Semantik einer Zuweisung)
Beschreiben Sie die Semantik der Zuweisung a := a + 2 prozedural und denotational. Tip für die denotationale Semantik: Der Speicherzustand ist die Menge von (Variablenname, Wert)-Paaren; Tip für die prozedurale Semantik: verwenden Sie sogenannte 1-Adress-Befehle: `load(zelle)`, `add(wert)`, `store(zelle)`.

Aufgabe 3.3

Definieren Sie die Syntax von Dualzahlen sowie von reellen Zahlen. Tip: Gehen Sie analog zu Beispiel 3.2 auf Seite 36 vor.

Aufgabe 3.4

Welche Semantiken von Dualzahlen (im Sinne von z. B. 16 Bit langen Folgen von 0 und 1) kennen Sie?

3.2 Grammatik

In diesem Abschnitt untersuchen wir die formale Beschreibung der Syntax einer Sprache durch Grammatiken genauer. Wie wir in den vorangegangenen Beispielen gesehen haben, ist eine Grammatik durch die folgenden Komponenten charakterisiert:

1. das zugelassenen Vokabular der durch die Grammatik charakterisierten Sprache – die sogenannten *Terminalzeichen*

2. syntaktische Hilfsbezeichner, mit denen strukturelle Informationen erfasst werden – die sogenannten *syntaktischen Variablen* oder *Nichtterminalzeichen*

3. die *Produktionsregeln*, die den Aufbau einer Sprache erfassen und

4. ein *Startsymbol*, d. h. ein ausgewähltes Nichtterminalzeichen, aus dem sich alle Sätze der Sprache durch die Anwendung der Produktionsregeln erzeugen lassen.

Beispiel 3.11 (Deutsche Mini-Sprache 2)

In Beispiel 3.4 auf Seite 37 (deutschen Minisprache) sind die Terminalzeichen die Menge {die, Studenten, Dozenten, prüfen, verstehen}, die Nichtterminalzeichen die Menge {Satz, Subjekt, Objekt, Artikel, Substantiv, Prädikat}, das Startsymbol das Nichtterminalzeichen „Satz". Die Produktionsregeln sind:

$$
\begin{aligned}
\text{Satz} &\longrightarrow \text{Subjekt Prädikat Objekt.} \\
\text{Subjekt} &\longrightarrow \text{Artikel Substantiv} \\
\text{Objekt} &\longrightarrow \text{Artikel Substantiv} \\
\text{Objekt} &\longrightarrow \epsilon \\
\text{Artikel} &\longrightarrow \text{die} \\
\text{Substantiv} &\longrightarrow \text{Studenten} \\
\text{Substantiv} &\longrightarrow \text{Dozenten} \\
\text{Prädikat} &\longrightarrow \text{prüfen} \\
\text{Prädikat} &\longrightarrow \text{verstehen}
\end{aligned}
$$

Die formale Definition einer Grammatik lautet wie folgt.

Definition 3.1 (Grammatik)
Eine Grammatik ist ein 4-Tupel $G = (T, N, P, S)$ mit

T Menge von Terminalsymbolen oder Terminalzeichen,

N Menge von Nichtterminalsymbolen (syntaktische Variablen), $N \cap T = \emptyset$

P Menge von Produktionsregeln, die den Aufbau der Sprache festlegen,
$P \subseteq (N \cup T)^* \times (N \cup T)^*$, und

S Startsymbol, mit $S \in N$, die „Urzelle" aller Sätze.

Die durch beliebiges Anwenden der Produktionen aus P von G erzeugte Sprache ist
$L(G)$. Dabei schreiben wir $\to^*_G$, wenn wir Produktionsregeln „$\to$" aus der Grammatik G
beliebig oft anwenden. Dann ist $L(G) = \{w | S \to^*_G w \text{ und } w \in T^*\}$, d. h. die Menge aller
Sätze w, die durch eine beliebige Folge von Anwendungen der Produktionen aus G von S
aus erzeugbar sind. Beachten Sie hierbei, dass die Sätze w der Sprache $L(G)$ nur noch aus
Folgen von Terminalzeichen bestehen, deshalb $w \in T^*$. Als Erinnerung an den Abschnitt 2.3
(Relationen) sei hier wiederholt, dass T^* für die Menge $\{\epsilon\} \cup T \cup T \times T \cup T \times T \times T \cup \ldots$
steht, also das leere Wort ϵ, alle Worte der Länge 1, die nur aus einem Terminalzeichen
bestehen, alle Worte der Länge 2, die aus 2 Terminalzeichen bestehen usw. umfasst.

Beispiel 3.12 (Grammatikkomponenten)
Geläufige Beispiele für die Komponenten T, N, P und S einer Grammatik sind:

- Terminalzeichen T der deutschen Spache: alle Wörter und Flexionen (Haus, mir, gelaufen, sein, ...)

- Terminalzeichen T von PASCAL oder C: `BEGIN`, {, =,), 5, ...

- Nichtterminale N der deutschen Sprache: Hauptsatz, Subjekt, Artikel, Substantiv, ...

- Nichtterminale N von PASCAL oder C: statement, expression, number, identifier, while-statement, ...

- Eine Produktionsregel der deutschen Sprache: Verbindet man zwei Hauptsätze durch die Zeichenfolge „und", so erhält man wieder einen syntaktisch korrekten Hauptsatz.

- Eine Produktionsregel von PASCAL: Wenn **s** ein statement und **e** eine expression, dann ist `WHILE (e) BEGIN s END` ein while-statement.

- Startsymbol S der deutschen Sprache: Hauptsatz

• Startsymbol S von PASCAL: program □

Besonders interessant sind Grammatiken, die die Erzeugung von beliebig vielen Sätzen erlauben. Dazu erweitern wir unsere deutsche Mini-Sprache um die Regel zur Zusammensetzung von Hauptsätzen durch „und".

Beispiel 3.13 (Deutsche Mini-Sprache mit zusammengesetzten Hauptsätzen)
Wir streichen die erste Produktion mit dem Nichtterminalzeichen *Satz* und führen drei neue Produktionen ein, sowie die Terminalsymbole „." und „und".

$$
\begin{aligned}
\text{Satz} &\longrightarrow \text{Hauptsatz.} \\
\text{Hauptsatz} &\longrightarrow \text{Hauptsatz und Hauptsatz} \\
\text{Hauptsatz} &\longrightarrow \text{Subjekt Prädikat Objekt}
\end{aligned}
$$

Durch wiederholtes Anwenden der zweiten Regel ist es nun möglich, beliebig lange Hauptsätze zu bilden, die durch *und* verknüpft sind. □

Grammatiken können in zwei Richtungen benutzt werden: Ausgehend vom Startsymbol können durch Anwenden der Produktionsregeln alle syntaktisch korrekten Sätze der beschriebenen Sprache erzeugt werden. Umgekehrt kann überprüft werden, ob eine gegebene Zeichenreihe von Terminalzeichen den syntaktischen Regeln der Grammatik entspricht, indem sie durch Anwenden der Produktionsregeln auf das Startsymbol zurückgeführt, man sagt auch *reduziert* wird.

Beispiel 3.14 (Erzeugen eines Satzes aus der deutschen Mini-Sprache)
Ausgehend vom Startsymbol benutzen wir nacheinander Produktionen, bis wir auf der rechten Seiten nur noch Terminalzeichen erhalten.

Satz

→ Hauptsatz.

→ Subjekt Prädikat Objekt.

→ Artikel Substantiv Prädikat Objekt.

→ die Substantiv Prädikat Objekt.

→ die Dozenten Prädikat Objekt.

→ die Dozenten prüfen Objekt.

→ die Dozenten prüfen Artikel Substantiv.

→ die Dozenten prüfen die Substantiv.

→ die Dozenten prüfen die Studenten.

In diesem Beispiel haben wir Produktionen immer „so weit links wie möglich" angewandt und den Satz „die Dozenten prüfen die Studenten." von links nach rechts erzeugt. Ebenso möglich sind beliebige andere Reihenfolgen der Produktionsanwendungen.

Beispiel 3.15 (Reduzieren eines Satzes auf das Startsymbol)
Ausgehend von einer Terminalzeichenreihe werden die Produktionen in umgekehrter Richtung angewandt. Ist eine Reduktion auf das Startsymbol als einziges Symbol möglich, ist der Satz ein Element der Sprache.

die Dozenten verstehen die Studenten.

→ die Dozenten Prädikat die Studenten.

→ die Dozenten Prädikat Artikel Studenten.

→ Artikel Dozenten Prädikat Artikel Studenten.

→ Artikel Substantiv Prädikat Artikel Studenten.

→ Subjekt Prädikat Artikel Studenten.

→ Subjekt Prädikat Artikel Substantiv.

→ Subjekt Prädikat Objekt.

→ Hauptsatz.

→ Satz.

Auch hier können wir die Reihenfolge der Produktionsregelanwendung verändern. Um eine einheitliche Darstellung zu erreichen, werden nicht *Folgen* sondern sogenannte *Strukturbäume* zur Visualisierung verwendet. Dabei bilden die Terminalzeichen des Satzes die Blätter, die Nichtterminalzeichen sind Astverzweigungen (innere Knoten) und die Äste (Kanten) zeigen die Anwendung einer bestimmten Produktionsregel. Den Strukturbaum für Beispiel 3.14 zeigt Abbildung 3.1.

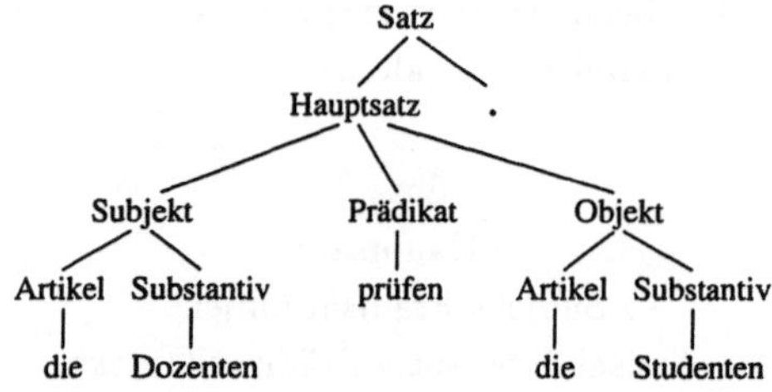

Abbildung 3.1: Strukturbaum für Beispiel 3.14

Der Prozess des Reduzierens eines Satzes heißt im Englischen *Parsing*. Das entsprechende Werkzeug, der Parser, bildet das Syntaxanalysemodul eines Compilers für eine Programmiersprache. Eine Syntaxanalyse wird jedoch nicht nur für Programmiersprachen benötigt.

Entsprechende Software muss für strukturierte, z. B. in einer Datei abgelegte Datensätze, ebenso wie für den Datenaustausch zwischen zwei Programmen und viele andere Anwendungen entwickelt werden. Im Kapitel 4 sehen wir, wie aus einer exakten Syntaxdefinition automatisch ein Parser erzeugt werden kann. Solche *Parser-Generatoren* sind beispielsweise das UNIX-Werkzeug YACC, das als Eingabe eine Grammatik einliest und als Ausgabe ein Programm ausgibt, das als Parser für die von der Grammatik erzeugte Sprache dient.

In Abhängigkeit von der genauen Form der Produktionsregeln werden unterschiedliche Grammatik-Klassen definiert, die in der sogenannten *Chomsky-Hierarchie* (nach dem amerikanischen Sprachwissenschaftler N. Chomsky[4] vom MIT) angeordnet sind. Nach der Definition geben wir Beispiele für die verschiedenen Grammatik-Klassen an.

Definition 3.2 (Chomsky-Hierarchie)
Sei $G = (T, N, P, S)$ eine Grammatik, ϵ die leere Zeichenreihe.

Typ 0 Jede Grammatik G ist vom Typ 0.

Typ 1 Eine Grammatik G ist vom Typ 1 oder *kontextsensitiv*, wenn für alle Produktionen $p \to q \in P$ gilt: p hat die Form $\alpha A \beta$, q hat die Form $\alpha \sigma \beta$ mit $A \in N$, $\sigma, \alpha, \beta \in (N \cup T)^*$ und $\sigma \neq \epsilon$. D. h. auf der linken Seite muss, auf der rechten Seite können Nichtterminalsymbole stehen und die Umgebung (der *Kontext*, α und β) dient der Unterscheidung von Regeln.

Typ 2 Eine Grammatik G ist vom Typ 2 oder *kontextfrei*, wenn für alle Produktionen $p \to q \in P$ gilt: $p \in N$. Hier wird zur Auswahl der Regel kein Kontext mehr betrachtet.

Typ 3 Eine Grammatik G ist vom Typ 3 oder *regulär*, wenn für alle Produktionen $p \to q \in P$ gilt: entweder $p \in N \wedge q = \epsilon$ oder $p \in N \wedge q \in T$ oder $p \in N \wedge q \in TN$. Die Produktionen heißen dann *rechtslinear*. $\Box$

Die folgenden Beispiele illustrieren den Einsatz der verschiedenen Grammatik-Typen.

Die *Typ-3-Grammatiken (reguläre Grammatiken)* erzeugen die einfachsten Sprachen. Sie bieten die Möglichkeit, einzelne Zeichen aneinander zu hängen und diesen Vorgang beliebig häufig zu wiederholen. Solche Wiederholungen finden wir z. B. in Suchmustern in Textarchiven, in denen wir festlegen: „Ein bestimmtes Wort, dann beliebige andere Wörter, dann noch ein bestimmtes Wort, oder anders herum". Eine andere Anwendung finden wir in Beispiel 3.16.

---

[4]N. Chomsky suchte Anfang der 60er Jahre nach einer Universalgrammatik für natürliche Sprachen. Obwohl diese Suche vergeblich war, sind seine Arbeiten für die Informatik von großem Interesse.

Beispiel 3.16 (Bezeichner in Programmiersprachen)
In den meisten Programmiersprachen beginnen Bezeichner mit einem Buchstaben, gefolgt
von einer Folge von Buchstaben oder Ziffern. Solche Bezeichner können mit der folgenden
regulären Grammatik beschrieben werden: $G = (T, N, P, S)$ mit

$$
\begin{aligned}
T = &\ \{a, b, \ldots, z, A, B, \ldots, Z, 0, 1, \ldots 9\} \\
N = &\ \{\text{ id, letter, letter-or-digit }\} \\
P = &\ \text{id} \longrightarrow \text{letter letter-or-digit} \\
&\ \text{letter} \longrightarrow \text{a, letter} \longrightarrow \text{b}, \ldots, \text{letter} \longrightarrow \text{z,} \\
&\ \text{letter} \longrightarrow \text{A, letter} \longrightarrow \text{B}, \ldots, \text{letter} \longrightarrow \text{Z,} \\
&\ \text{letter-or-digit} \longrightarrow \epsilon \\
&\ \text{letter-or-digit} \longrightarrow \text{a letter-or-digit,} \\
&\ \text{letter-or-digit} \longrightarrow \text{b letter-or-digit,} \ldots \\
&\ \text{letter-or-digit} \longrightarrow \text{Z letter-or-digit,} \\
&\ \text{letter-or-digit} \longrightarrow \text{0 letter-or-digit,} \ldots \\
&\ \text{letter-or-digit} \longrightarrow \text{9 letter-or-digit,} \\
S = &\ \text{id } \square
\end{aligned}
$$

In *Typ-2-Grammatiken (kontextfreie Grammatiken)* ist es auch möglich, verschiedene
Satzteile zu einem neuen Satzteil zusammen zu setzen und diesen Vorgang zu wiederholen.
Dadurch lassen sich gleichmäßige Satzstrukturen erzeugen. Das wichtigste Beispiel ist eine
Sprache mit Klammerung, die „abgezählt" sein muss. Alle Programmiersprachen kennen
solche Klammerstrukturen (z. B. BEGIN-END-Klammern in Pascal oder {-}-Paare in C)
ebenso wie die deutsche Sprache mit ihren Schachtelsätzen („der Mann, der den Hund, der
bellt, führt, läuft").

Einen Ausschnitt aus einer Programmiersprachengrammatik zeigt das folgende Beispiel.

Beispiel 3.17 (Java-Grammatik-Fragment)
Wir geben einen sehr kleines Fragment der Java-Grammatik an. Da das Klassenkonstrukt in
Java immer vorhanden sein muss, wir uns hier aber auf Kontrollanweisungen einschränken,
bleiben wir das Startsymbol schuldig.

$$
\begin{aligned}
T \ = &\ \{\text{if, else, (,), } \ldots\} \\
N \ = &\ \{\text{Anweisung, Auswahlanweisung, Schleifenanweisung,}\\
&\ \ \text{Ausdruck, } \ldots\} \\
P \ = &\ \{(\text{Anweisung} \rightarrow \text{Schleifenanweisung}), \\
&\ \ (\text{Anweisung} \rightarrow \text{Auswahlanweisung}), \\
&\ \ (\text{Auswahlanweisung} \rightarrow \text{if (Ausdruck) Anweisung}), \\
&\ \ (\text{Auswahlanweisung} \rightarrow \text{if (Ausdruck) Anweisung else Anweisung}), \\
&\ \ \ldots\}
\end{aligned}
$$

Ähnliche kontextfreie Produktionsregeln finden wir in PASCAL, C, C++ und anderen prozeduralen Sprachen, nicht aber in nichtprozeduralen Sprachen wie LISP und PROLOG. □

Als Abschluss wollen wir an einer einfachen Alltagssprache eine kontextfreie Grammatik entwickeln und die verschiedenen Produktionsformen verstehen.

Beispiel 3.18 (arithmetische Ausdrücke)

Wir definieren eine einfache „Taschenrechnersprache" arithmetischer Ausdrücke. Die Grammatik ist gegeben durch $(\{(,), +, -, *, /, a, b\}, \{A, T, F\}, P, A)$. Die Nichtterminalsymbole stehen als Gedächtnisstütze für *Ausdruck*, *Term* und *Faktor*. Die Menge P ist gegeben durch

$$
\begin{array}{lll}
A \longrightarrow A + T & T \longrightarrow T * F & F \longrightarrow (A) \\
A \longrightarrow A - T & T \longrightarrow T / F & F \longrightarrow a \\
A \longrightarrow T & T \longrightarrow F & F \longrightarrow b
\end{array}
$$

Die Grammatik ist kontextfrei. Ein Satz der Sprache ist z. B. : $b - a * (b + b * a)$. Wir betrachten den Strukturbaum hierzu in Abbildung 3.2.

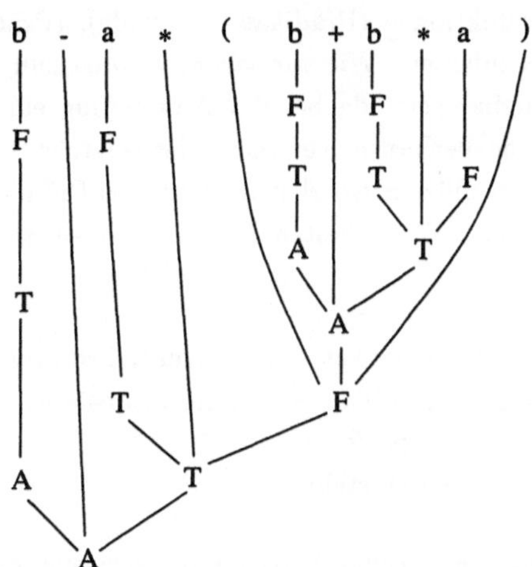

Abbildung 3.2: Strukturbaum für $b - a * (b + b * a)$

Die Präzedenzregeln (etwa z. B. Klammer vor Punktrechnung vor Strichrechnung) kommen in der Grammatik zum Ausdruck durch den Zwang, die entsprechenden Produktionen beim Ableiten zuerst einzusetzen.

Die drei wichtigsten Mechanismen in kontextfreien Grammatiken sind

1. Zusammenbauen von Satzteilen (z. B. in der Produktion T → T * F).

2. Abzählen von öffnenden und schließenden Klammern (z. B. in der Produktion F → (A)).

3. Beliebiges Wiederholen von Satzteilen (z. B. in der Produktion A → A + T).

Aufgabe 3.5

Erweitern Sie die Grammatik aus Beipiel 3.18 derart, dass auch das unäre Plus und das unäre Minus, also z. B. $-a - b$ oder $+a - (+b)$ ableitbar sind.

Häufig soll eine Produktion nur sinnvoll angewendet werden, wenn die Umgebung (der Kontext) der Satzform eine bestimmte Struktur oder einen bestimmten Inhalt aufweist. Dabei soll aber diese Umgebung durch die Produktion nicht verändert werden. Genau diesen Anforderungen entsprechen die *Typ-1-Grammatiken (kontextsensitive Grammatiken)*. Eine passende Anwendung finden wir im folgenden Beispiel.

Beispiel 3.19 (Deutsche Mini-Sprache 3)

In Beispiel 3.4 auf Seite 37 (deutschen Minisprache) fällt auf, dass alle Prädikate mit der dritten Person Plural auskommen. Wir wollen nun auch zulassen, dass „ich" prüfe oder verstehe und dabei die Produktionen (Prädikat ⟶ prüfe), (Prädikat ⟶ verstehe) und (Subjekt ⟶ ich) ebenfalls zulassen. Wie wir sehen, würden nun auch Sätze wie „Ich verstehen die Dozenten" erzeugbar sein, da bei der Anwendung einer Produktion „Prädikat ⟶ ..." nicht klar ist, welche Verbform (verstehe oder verstehen) die zum gewählten Subjekt passende ist. Tatsächlich müssen wir den *Kontext* des Prädikates bei der Anwendung der Produktionsregel beachten. Wir erhalten eine kontextsensitive Grammatik durch die geänderten Produktionsregeln:

> Artikel Substantiv Prädikat ⟶ Artikel Substantiv prüfen
> Artikel Substantiv Prädikat ⟶ Artikel Substantiv verstehen
> ich Prädikat ⟶ ich prüfe
> ich Prädikat ⟶ ich verstehe

Auch in der Beschreibung der meisten Programmiersprachen benötigen wir kontextsensitive Informationen, um z. B. die korrekte Verwendung von Variablen entsprechend ihrer Typdeklaration, die viel weiter vorher getroffen wurde, zu überprüfen. Solche Vereinbarungen kann man aber leichter durch andere Mechanismen überprüfen. Deshalb spielen Typ-1-Grammatiken keine praktische Rolle.

In *Typ-0-Grammatiken* werden keinerlei Strukturen mehr vorgegeben. Mann kann hier sogar Terminalzeichen durch andere Terminalzeichen ersetzen etc. Sie sind der allgemeinste Mechanismus zur Erzeugung formaler Sprachen.

Aufgabe 3.6
Erweitern Sie die kontextfreie Grammatik für die deutsche Mini-Sprache 2 aus Beispiel 3.11
derart, dass auch Singular-Formen auftreten.

3.3 Syntax-Notationen für Produktionen

So wie wir in den obigen Beispielen die Produktionen notiert haben, kann eine Grammatik
sehr lang und unübersichtlich werden. In den letzten Jahrzehnten haben sich hier zur
Vereinfachung einige handlichere Beschreibungsformalismen herausgebildet. Dabei bildet
dieser Formalismus eine *Metasprache*: die Sprache zur Beschreibung einer Sprache.

3.3.1 Backus-Naur-Form (BNF)

Dieser Formalismus wurde erstmals 1960 zur Beschreibung der Produktionen der Programmiersprache ALGOL-60 eingeführt. Die Metasprache lautet:

    ::=   bedeutet: ist definiert als, oder: aus ... wird ... produziert
    | bedeutet: Alternative
    <...>   Nichtterminalsymbol-Einfassung

Beispiel 3.20 (Beliebig lange Summen aus den Terminalen a, b und c)

<Summe> ::=   <Summand> | <Summand> + <Summe>
<Summand> ::= a | b | c

Beachten Sie, dass die Symbole der Metasprache von den Nichtterminal- oder Terminal-
Symbolen der zu beschreibenden Sprache unterschieden werden müssen.

3.3.2 Erweiterte Backus-Naur-Form (EBNF)

Auf Basis der BNF hat sich die ausdrucksmächtigere EBNF herausgebildet. Sie verfügt über
mehr metasprachliche Mechanismen und erlaubt damit die kompaktere Beschreibung des
Produktionensystems. Diese oder eine leicht abgewandelte Form treffen wir heute meistens
bei der Beschreibung von kontextfreien Sprachen an. Vergleichen Sie doch einmal mit einem
Programmiersprachenbuch Ihrer Wahl!

=	bedeutet: ist definiert als, oder: aus ... wird ... produziert
|	bedeutet: Alternative
<...>	Nichtterminalsymbol (manchmal stattdessen kursiv gesetzt)
(...|...)	bedeutet: genau eine Alternative aus der Klammer
[...]	bedeutet: Inhalt der Klammer ist optional, kann also auch weggelassen werden
{...}	bedeutet: Inhalt der Klammer kann n $\geq$ 0-fach stehen
.	Ende der Produktion
...	Terminalsymbole (ohne Einfassung)

Beispiel 3.21 (Auswahlanweisung in Java)

Vergleichen Sie auch Beispiel 3.17

$$Anweisung = \quad (Schleifenanweisung \mid Auswahlanweisung).$$
$$Auswahlanweisung = \quad (\text{if } (Ausdruck)\ Anweisung\ [\text{else } Anweisung] \mid$$
$$\text{switch } (Ausdruck)\ \{ Fallunterscheidung \ \}).$$

3.3.3 Syntaxdiagramme

Syntaxdiagramme vermitteln einen visuellen Eindruck von der Struktur einer Sprache. Sie
wurden von Niklaus Wirth von der Eidgenössische Technische Hochschule (ETH) Zürich
Anfang der 70er Jahre für die Beschreibung von PASCAL eingeführt. Die Idee ist ein
Durchlauf durch ein Netz entlang der Pfeilrichtung. Bei Erreichen eines Nichtterminal-
symbols (in einem eckigen Kasten) wird in ein neues Syntaxdiagramm eingesprungen, nach
dessen Durchlauf an der alten Stelle weiter fortgefahren wird. Die Folge der zwischen Start
und Ziel unterwegs besuchten Terminalsymbole bilden einen Satz der Sprache. Syntaxdiagramme können noch kompakter sein, wenn sie mehrere Produktionsregeln in EBNF
zusammenfassen.

Beispiel 3.22 (Die switch-Anweisung in Java)

Abbildung 3.3 auf der nächsten Seite zeigt das Syntaxdiagramm für die switch-Anweisung
in Java.

Aufgabe 3.7

Geben Sie jeweils EBNF und Syntaxdiagramm für die Java-while-Schleife an.

Aufgabe 3.8

Geben Sie jeweils EBNF und Syntaxdiagramm für die Java-for-Schleife an.

switch-statement:

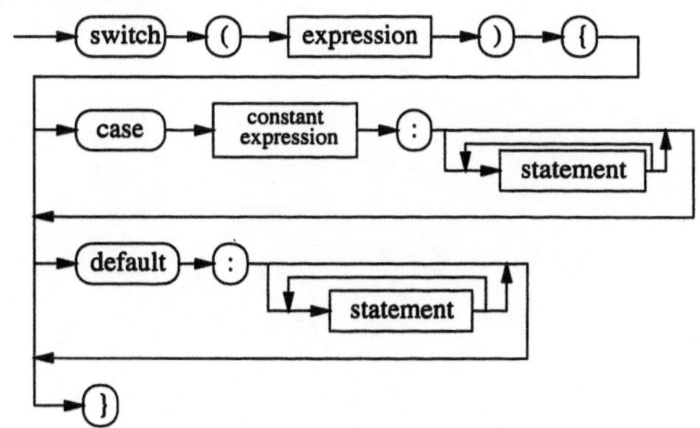

Abbildung 3.3: Syntaxdiagramm für die switch-Anweisung in Java

Aufgabe 3.9

Erzeugen Sie mit dem Syntax-Diagramm aus Abbildung 3.3 eine konkrete switch-Anweisung. Wählen Sie als expression „a + b * 2" und als statement „x = 4;" oder „y = 3;" etc. constant expression sei eine Zahl.

Aufgabe 3.10

In einer Datei sollen Produktdaten mit folgender Form gespeichert werden: Alternative 1 beginnt mit einer Codierzahl, dann eine Folge von Zahl (für Anzahl), Zahl (für Preis) und Währung (aus {DM, \$, £}). Danach folgen genausoviele Textzeichen (also eine Wortfolge mit Zeilenende). In der Alternative 2 werden eine Zahl, Trennzeichen #, Zahl, Währungswort und Text mit Zeilenende beliebig häufig aufgelistet. Wie sieht die EBNF der Grammatik dieser Sprache aus (sicherlich kürzer und leichter zu lesen!).

Kapitel 4

Automaten und Verfahren

In den vorhergehenden Kapiteln haben wir gelernt, Sachverhalte zu beschreiben. So können wir z. B. festlegen, unter welchen Bedingungen Anweisungen in Programmen ausgeführt werden können (Aussagenlogik), welchen logischen Bedingungen bestimmte Teilmengen von Datensätzen unterliegen (Prädikatenlogik) oder welche Kombinationen von Eingaben in einem komplexen User Interface erlaubt sind (Relationen). In der Informatik ist aber auch von wesentlichem Interesse, *wie* ein Ergebniss zustande kommt. Diese Überlegung führt uns zur Arbeitsweise von Automaten. Dabei konzentrieren wir uns in diesem Kapitel auf sequentiell arbeitende Maschinen.

Für reguläre und kontextfreie Sprachbeschreibungen können automatisch Automaten erzeugt werden, die die Sätze dieser Sprachen verarbeiten. Derartige Automaten und deren Erzeugung bilden Standardlösungen zur Syntaxanalyse und Weiterverarbeitung der zugehörigen Spachen und werden ebenfalls in diesem Kapitel vorgestellt.

Zur Standardliteratur gehören [HU94] und [SSH95]. In [Hof86] werden auf sehr unterhaltsame Weise Beispiele für formale Sprachen, Automaten und Algorithmen aus Kunst und Natur zusammengestellt[1].

4.1 Endliche Automaten

Jeder von uns hat eine Vorstellung von „einfachen Automaten", die durch den Umgang mit Kaffemaschinen, Zutrittskontrollen, Fahrkartenautomaten etc. geprägt ist. Danach erlauben Automaten bestimmte Eingaben und Interaktionen (wie Knopf drücken, Geld einwerfen, Zugangskarte in Lesegerät halten), auf die sie reagieren können (z. B. durch Tür öffnen, Kaffee kochen, Fahrkarte ausgeben). Wir betrachten zunächst ein solches Alltagsbeispiel genauer: einen vereinfachten Geldspielautomaten.

---

[1]Für dieses Werk erhielt der Autor den renomierten Purlizer-Preis.

Beispiel 4.1 (Geldspielautomat)

Der Geldspielautomat ist ein Automat, der auf äußere Ereignisse wie Geldeinwurf oder Tastendruck reagiert, für den aber ebenso innere Ereignisse wie der Ablauf einer bestimmten Zeit von Bedeutung sind. Nicht alle Interaktionen sind immer möglich: So kann beispielsweise während eines Spiels bei laufenden Scheiben kein neues Geld eingeworfen werden, da für einen erneuten Spielbeginn erst das laufende Spiel beendet sein muss. Der Geldspielautomat nimmt also interne Zustände an, von denen die möglichen Eingaben und die erreichbaren Folgezustände abhängen. Zur Charakterisierung des Geldspielautomaten benötigen wir daher die Menge der zulässigen Eingaben bzw. Ereignisse, die der Zustände, in die der Automat gelangen kann, und der möglichen Zustandsübergänge. Diese hängen vom aktuellen Zustand und der gerade verarbeiteten Eingabe ab und überführen den Automaten in einen Folgezustand.

Mathematisch lassen sich die Zustandsübergänge des Spielautomaten als eine rechtseindeutige Relation *Spiel*: {Eingabemöglichkeiten} × {Zustand} → {Zustand} auffassen.

Sei nun also die Menge der zulässigen Eingaben E = { „1 DM einwerfen", „10 Sekunden warten", „Taste T1 drücken", „Taste T2 drücken", „Taste T3 drücken", „getestet Scheibenstand in Gewinnposition", „getestet Scheibenstand in Verlustposition", „getestet Scheibenstand in Freispielposition", „Geldklappe geöffnet"}.

Die Zustände, die unser einfacher Geldspielautomat annehmen kann, sind Z = { „warten", „3 Scheiben drehen", „1. Scheibe stop", „1. und 2. Scheibe stop", „alle Scheiben stop", „Geldausgabe"}.

Unser Automat beginnt jedes Spiel im gleichen Zustand. Dieser Anfangszustand soll *warten* sein. Der Zustand, in dem ein Spiel regulär beendet wird, soll ebenfalls *warten* sein, d. h. unser Automat ist nach erfolgtem Spiel sofort wieder startbereit.

Was noch fehlt, ist eine formale Festlegung der Zustandsübergänge, also die Definition der Relation *Spiel*. Dies kann auf verschiedenen Wegen gleichwertig geschehen. Eine anschauliche Visualisierung ist ein *Zustandsübergangsdiagramm*, kurz *Übergangsdiagramm*. Zustände sind als Kreise oder Ovale dargestellt. Zustände werden durch Pfeile verbunden, wenn zwischen ihnen Zustandsübergänge möglich sind. Die Beschriftung der Pfeile zeigt die dabei verarbeitete Eingabe bzw. das verarbeitete Ereignis. Die Darstellung unseres Geldspielautomaten zeigt Abbildung 4.1 auf der nächsten Seite.

Das Zustandsübergangsdiagramm wird wie naheliegend interpretiert: Das Spiel beginnt ausgehend vom Zustand *warten*. Der Zustand *warten* wird durch einen eingehenden Pfeil als Anfangszustand gekennzeichnet. Nur hier ist der Einwurf von 1 DM möglich. Anschließend drehen sich die drei Glücksscheiben (Zustand *3 Scheiben drehen*). Die 1. Scheibe kann durch Betätigen der Taste T1 gestoppt (Zustand *1. Scheibe stop*) und durch abermaliges Betätigen

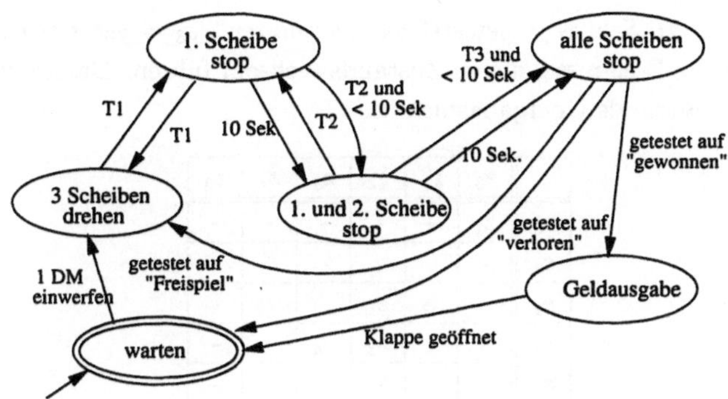

Abbildung 4.1: Zustandsübergangsdiagramm des Geldspielautomaten

von T1 wieder in Rotation versetzt werden (zurück zu Zustand *3 Scheiben drehen*). Wenn die 1. Scheibe angehalten hat, stoppt spätestens nach 10 Sekunden auch die 2. Scheibe. Alternativ kann der Schalter T2 betätigt werden, der für Anhalten bzw. Neustart der 2. Scheibe sorgt. Nach Anhalten der 2. Scheibe gelangt der Automat in den Zustand *1. und 2. Scheibe stop*. Nach spätestens 10 Sekunden bleibt die dritte Scheibe stehen und überführt den Automaten in den Zustand *alle Scheiben stop*. Dies kann ebenso durch Drücken von Schalter T3 bewirkt werden.

Haben alle Scheiben angehalten, wird ihre Position überprüft. Hier gibt es drei Möglichkeiten: zeigt der Scheibenstand eine Gewinnposition, wird eine Geldausgabe eingeleitet (Übergang zu Zustand *Geldausgabe*). Die Geldausgabe erfolgt durch Öffnen der Geldklappe. Danach ist der Geldautomat erneut startbereit (Zustand *warten*).

Zeigt der Scheibenstand eine Verlustposition, ist der Automat sofort wieder spielbereit (Zustand *warten*). Als dritte Möglichkeit zeigt der Scheibenzustand ein gewonnenes Freispiel. In diesem Fall beginnt sofort ein neues Spiel und die Scheiben des Spielautomaten drehen sich wieder (Zustand *3 Scheiben drehen*).

Beendet ist das Spiel durch Erreichen des Zustandes *warten*, was graphisch durch ein doppeltes Oval gekennzeichnet ist.

Zustandsübergangsdiagramme bieten eine eingängige Möglichkeit zur Visualisierung des Verhaltens eines Automaten. Kompakter (und näher an einer programmiersprachlichen Realisierung des Automaten) ist eine sogenannte *Zustandsübergangsmatrix*, die wir wiederum am Beispiel des Geldspielautomaten kennenlernen wollen.

Seien $z_0 = $ *warten*, $z_1 = $ *3 Scheiben drehen*, $z_2 = $ *1. Scheibe stop*, $z_3 = $ *1. und 2. Scheibe stop*, $z_4 = $ *alle Scheiben stop*, $z_5 = $ *Geldausgabe* die Zustände des Automaten, $e_0 = $ *1 DM einwerfen*, $e_1 = $ *getestet auf „Freispiel"*, $e_2 = $ *T1*, $e_3 = $ *10 Sek*, $e_4 = $ *T2*, $e_5 = $ *T2 und $<$ 10*

Sek, $e_6 = T3$ und < 10 Sek, $e_7 = $ getestet auf „gewonnen", $e_8 = $ getestet auf „verloren", e_9 = Klappe geöffnet die Ereignisse, die zu Zustandswechseln führen. Dannn zeigt Tabelle 4.1 das Automatenverhalten als Übergangsmatrix.

	z_0	z_1	z_2	z_3	z_4	z_5
e_0	z_1	-	-	-	-	-
e_1	-	-		-	z_1	-
e_2	-	z_2	z_1	-	-	-
e_3	-	-	z_3	z_4	-	-
e_4	-	-	-	z_2	-	-
e_5	-	-	z_3	-	-	-
e_6	-	-	-	z_4	-	-
e_7	-	-	-	-	z_5	-
e_8	-	-	-	-	z_0	-
e_9	-	-	-	-	-	z_0

Tabelle 4.1: Übergangsmatrix des Geldspielautomaten

Ausgehend von dieser informellen Einführung am Beispiel des Geldautomaten erhalten wir die folgende Definition eines Automaten[2].

Definition 4.1 (Automat)
Ein Automat EA ist ein 5-Tupel (E, Z, z_0, f, F), wobei E die Eingabemenge, Z die Zustandsmenge, z_0 der Anfangszustand, $F \subseteq Z$ die Menge der Endzustände und f eine Abbildung (die Zustandsübergangsfunktion) mit $f : E \times Z \to Z$ ist. Der Automat heißt *endlich*, wennn E und Z endlich sind. $\square$

Wie wir gesehen haben, ist nicht jede Eingabe aus der Eingabemenge in jedem Zustand eines Automaten möglich: Dieser akzeptiert nur bestimme Folgen von Eingaben, die ihn sukzessive vom Anfangszustand in einen Endzustand überführen.

Betrachten wir noch einmal Abbildung 4.1 des Spielautomaten. Hier haben akzeptierte Eingaben folgende Form:

- 1 DM einwerfen — T1 — 10 Sek — 10 Sek — getestet auf „gewonnen"— Klappe geöffnet

- 1 DM einwerfen — T1 — T1 — T1 — 10 Sek — 10 Sek — getestet auf „gewonnen"— Klappe geöffnet

---

[2]Tatsächlich wurde 1955 dieses Automatenmodell zur Beschreibung von Nervennetzen eingeführt.

- 1 DM einwerfen — T1 — T1 — T1 — 10 Sek — T2 — 10 Sek — 10 Sek — getestet auf „gewonnen"— Klappe geöffnet

Eine geschicktere Notation lernen wir in Abschnitt 4.3 kennen.

Definition 4.2 (Akzeptiertes Eingabewort, akzeptierte Sprache)
Sei $EA = (E, Z, z_0, f, F)$ ein endlicher Automat. Ein von EA *akzeptiertes Eingabewort* $w \in E^*$ ist eine Folge von Eingabesymbolen, die den Automaten vom Anfangszustand in einen Endzustand überführt: $f^*(w, z_0) \in F$.

f^* bezeichnet die Fortsetzung der Überführungsfunktion f von einzelnen Eingabesymbolen e auf Eingabesequenzen (oder Eingabewörter, Eingabesatz) $w = e_1 \ldots e_n$: im Anfangszustand z_0 wird das erste Eingabesymbol e_1 entgegengenommen und gemäß f verarbeitet, im Folgezustand $f(z_0, e_1)$ wird das nächste Eingabesymbol e_2 entgegengenommen und gemäß f verarbeitet usw, bis das ganze Eingabewort $e_1 \ldots e_n$ abgearbeitet ist. Führt die Verarbeitung von $e_1 \ldots e_n$ in einen Endzustand ($f^*(w, z_0) \in F$), so ist das Eingabewort akzeptiert.

Formal wird f^* wie folgt definiert:

$$f^*(e_1 \ldots e_n, z_0) \quad = \quad f^*(e_2 \ldots e_n, f(e_1, z_0)) \text{ und}$$
$$f^*(\epsilon, z) \quad = \quad z \ \forall z \in Z, \ \epsilon \text{ ist die leere Eingabe.}$$

Die von EA *akzeptierte Sprache* $L(EA)$ ist die Menge aller von EA akzeptierten Eingabewörter: $L(EA) = \{w \in E^* | EA \text{ akzeptiert } w\}$. $\square$

Endliche Automaten legen fest, wie sich Systeme auf Grund von verschiedenen Eingaben verhalten. Sie werden daher häufig zur exakten Beschreibung von Informatik-Systemen *im Großen* oder *im Kleinen* genutzt (z. B. : Objektverhalten und Objektkommunikation in objektorientierten Systemen, Maschinensteuerungen, betriebliche Abläufe, Dialogsysteme, multimediale graphische Oberflächen, Simulation von Systemen, Lernsysteme, Spiele, Verarbeitung von strukturierten Daten).

Die graphische Notation als Zustandsübergangsdiagramm ist für Menschen sehr leicht zu verstehen und zu verarbeiten, die Notation in Form einer Zustandsübergangsmatrix ist dagegen leicht maschinell zu verarbeiten. Es existieren Programmierwerkzeuge, die eine automatische Generierung von Programm-Code aus einer Zustandsübergangsmatrix implementieren.

Gegeben sei die Zustandsübergangsmatrix aus Tabelle 4.2 auf der nächsten Seite mit den Zuständen $\{z_0, z_1, z_2\}$, $F = \{z_2\}$ und den möglichen Eingaben $E = \{e_1, e_2\}$. Entsprechender Pseudo-Programm-Code kann schematisch etwa so aussehen:

	z_0	z_1	z_2
e_1	z_2	z_1	z_1
e_2	—	z_2	—

Tabelle 4.2: Eine einfache Übergangsmatrix

```
z_ende = z2;
while ("e gelesen"){
    if e == e1 then
        if z == z0 then
            z = z2
        else if z == z1 then
            z = z1
        ...
    else if e == e2 then
        if z == z0 then
            print("Eingabe e nicht definiert");
            exit;
        else if ...
}
/* jetzt Eingabe beendet */
if z == z_ende then
    print("Eingabe korrekt und komplett verarbeitet")
else
    print("Endzustand nicht erreicht")
```

Beispiel 4.2 (Klammerausdrücke)

In Programmiersprachen werden häufig Klammerausdrücke benutzt. In arithmethischen Ausdrücken können damit die Bindungsregeln umgangen werden. In Blöcken werden damit Sichtbarkeitsbereiche von Variablen beschränkt oder mehrere Anweisungen zu einer Einheit zusammengefasst. Abbildung 4.2 auf der nächsten Seite zeigt einen Automaten, der zweifach geklammerte Folgen von *a*s erkennt. □

Aufgabe 4.1

Erstellen Sie analog zu Beispiel 4.2 zwei Automaten, die Folgen von *a*s erkennen, die dreimal bzw. viermal geklammert sind. Wie sieht die Struktur eines Automaten aus, der nach diesem Muster n Klammernpaare erkennt? Wie sieht der Automat aus, der Klammernpaare für *beliebiges* n erkennt?

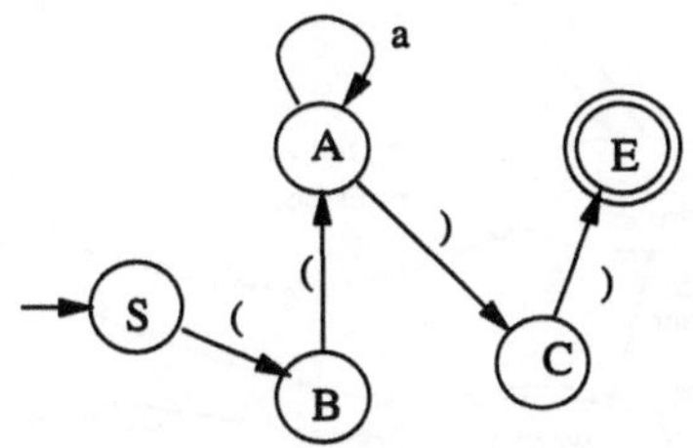

Abbildung 4.2: Zweifach geklammerte a-Folgen

Aufgabe 4.2
Erstellen Sie den entsprechenden Programm-Code für die Zustandsübergangsmatrix aus
Tabelle 4.1, z. B. in Pseudo-Code.

Aufgabe 4.3
Erstellen Sie das Zustandsübergangsdiagramm für die Übergangsmatrix 4.2.

Aufgabe 4.4
Beschreiben Sie eine Kaffeemaschine und eine Waschmaschine als endlichen Automaten.

4.2 Einfache Varianten endlicher Automaten

In Abschnitt 4.1 haben wir endliche Automaten kennengelernt, deren Verhalten durch eine
Überführungsfunktion bestimmt ist, die also beim Einlesen eines Symbols in einem Zustand
in einen eindeutig festgelegten Folgezustand übergehen. Viele Situationen sind aber nicht
durch solch einen deterministischen Ablauf charakterisiert: häufig kann das Eintreten eines
Ereignisses in einer bestimmten Situation zu völlig verschiedenen Reaktionen führen. Als
Beispiel betrachten wir einen leicht defekten Spielautomaten, der beim Einwurf von 1 DM
im Startzustand *warten* entweder wie gewohnt das Spiel beginnt oder aber ohne weitere
Reaktion im Startzustand verharrt. Abbildung 4.3 auf der nächsten Seite zeigt den entsprechenden Ausschnitt aus dem Zustandsübergangsdiagramm durch zwei identisch beschriftete
Kanten, die vom selben Zustand ausgehen und zu verschiedenen Folgezuständen führen. In
der Übergangsmatrix werden in ein Feld mehrere Folgezustände eingetragen.

Solche nichtdeterministischen endlichen Automaten werden statt durch eine Übergangs-
funktion durch eine Übergangs*relation* beschrieben. Sie können das in der Realität häufig
anzutreffende nichtdeterministische Verhalten unmittelbar darstellen. Es gibt Standardver-
fahren, die einen nichtdeterministischen Automaten in einen deterministischen Automaten

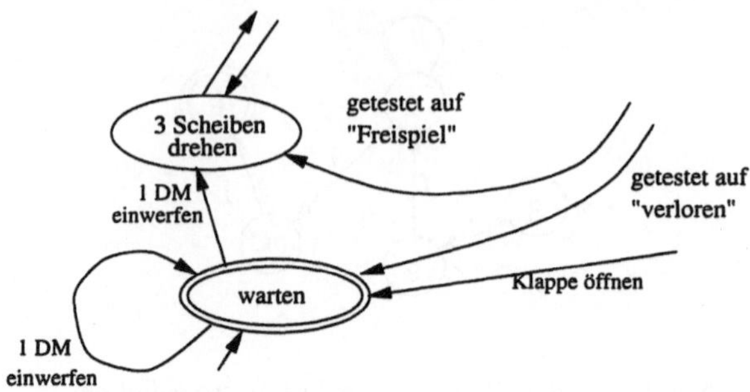

Abbildung 4.3: Leicht defekter nichtdeterministischer Spielautomaten

überführen, der die gleiche Sprache erkennt und verarbeitet. Ebenso existiert ein Optimierungsverfahren, das die Anzahl der zur Verarbeitung benötigten Zustände minimiert [SSH95].

Eine andere Variante des Automatenbegriffs sind Automaten, die eine Ausgabe liefern. Ihr sichtbares Verhalten bestimmt die *Ein/Ausgabe-Funktion* $f : E \to A$, wobei A die Menge der Ausgabewerte ist. Automaten mit Ausgabe können (genauso wie Funktionen) verknüpft werden zu größeren Automaten. Diese Verknüpfung entspricht einer Hintereinanderausführung und wird wie folgt durchgeführt: Seien a und b Automaten, dann kann man zu der Eingabe e_a die Ausgabe des verknüpften Automaten berechnen durch die Anwendung von b auf das Ergebnis von a bei Eingabe von e_a:

Schreibweise: $(a \circ b)(e_a) = b(a(e_a))$, wobei „$\circ$" die Hintereinanderausführung symbolisiert.

Beispiel 4.3
Es sei a der Automat als Teil einer Anwendung, der ein Dokument druckfertig aufbereitet, also das Layout berechnet. b sei der Automat, der als Teil des Betriebssystems das eigentliche Drucken erledigt. $(a \circ b)(e_a)$ ist also das Berechnen des Layouts aus e_a und das anschließende Drucken. $\square$

Aufgabe 4.5
Erstellen Sie die interessierenden Zeilen und Spalten der Zustandsübergangsmatrix für den nichtdeterministischen Spielautomaten (Abbildung 4.3).

4.3   Endliche Automaten und formale Sprachen

In Kapitel 3 haben wir bereits die formalen Sprachen mit ihrer Syntax und Semantik und vielfältige Einsatzgebiete kennengelernt. Wie hängen nun endliche Automaten und formale

Sprachen zusammen? Jeder Automat definiert eine formale Sprache: Die Menge der von ihm akzeptierten Eingabewörter. Endliche Automaten sind einfach — einfach zu verstehen und einfach (programmiersprachlich) zu realisieren. Welche Probleme im IT-Bereich können bereits mit Grundkenntnissen über endliche Automaten erfolgreich und systematisch bearbeitet werden?

Einige Beispiele sind:

- Lexikalische Analyse, etwa syntaktische Korrektheit der Eingabe einer Benutzerschnittstelle.

- Lexikalische Analyse im Compiler-Bau (eines der Haupteinsatzgebiete endlicher Automaten).

- Protokollimplementierungen, z. B. in den tieferen Schichten des ISO/OSI-Protokolls, aber auch höhere Protokolle wie Two-Phase-Commit.

- Beschreibungen von Objektverhalten im objektorientierten Software-Entwurf.

Im Folgenden wollen wir den Zusammenhang zwischen einem endlichen Automaten und der von ihm erkannten Sprache genauer kennenlernen. Hierzu führen wir die sogenannten regulären Ausdrücke ein, mit denen wir genau die von endlichen Automaten akzeptierten Sprachen charakterisieren können. Wir gehen aus von einer Menge A von Einzelwörtern, die die Eingaben eines endlichen Automaten enthält sowie einige Operatoren, die der Verknüpfung der Eingabewörter (wie hintereinanderhängen, beliebig oft oder alternativ verarbeiten) dienen.

Definition 4.3 (Regulärer Ausdruck und Sprache)
Sei A eine Menge von Einzelworten, die wir um einige Zusatzsymbole (Operatoren sowie das Sondersymbol *leer*) zu U erweitern, $U = A \cup \{(,), +, ., *, leer\}$. Ein regulärer Ausdruck $reg \in U^*$ bzw. die durch ihn festgelegte Sprache $L(reg)$ ist wie folgt definiert.

1. Jedes $a \in A$ ist in $L(reg)$. Die dadurch beschriebene Sprache $L(a)$ ist $L(a) = \{a\}$.

2. *leer* ist ein regulärer Ausdruck. Die zugehörige Sprache $L(leer)$ ist $L(leer) = \emptyset$ (die leere Menge).

3. Sind r_1 und r_2 reguläre Ausdrücke, dann ist auch $(r_1 + r_2)$ (sprich r_1 oder r_2) ein regulärer Ausdruck. Die reguläre Sprache $L(r_1 + r_2)$ ist die Vereinigung der Sprachen von r_1 und r_2, $L((r_1 + r_2)) = L(r_1) \cup L(r_2)$.

4. Sind r_1 und r_2 reguläre Ausdrücke, dann ist auch $(r_1.r_2)$ (sprich r_1 konkateniert r_2) ein regulärer Ausdruck. Die reguläre Sprache $L(r_1.r_2)$ ist die Konkatenation der Sprachen von r_1 und r_2, $L((r_1.r_2)) = L(r_1) \circ L(r_2) = \{w_1 w_2 | w_1 \in L(r_1) \wedge w_2 \in L(r_2)\}$.

5. Ist r regulärer Ausdruck, dann ist auch r^* (sprich r Stern) ein regulärer Ausdruck. Die reguläre Sprache $L(r^*)$ ist die beliebig häufige Hintereinanderausführung der Sprache von r, $L(r^*) = (L(r))^*$. Der $*$-Operator für reguläre Ausdrücke hat also eine entsprechende Funktion wie für Mengen: beliebige Wiederholung. $\square$

Es gelten folgende Prioritäten der Operatoren: Klammern binden stärker als $*$, $*$ bindet stärker als ., . bindet stärker als +. Häufig wird der Operator . nicht aufgeführt, statt $a.b$ schreiben wir auch ab.

Beispiel 4.4 (Suchanfrage im Web)
Wir suchen nach JDBC Treibern vom Typ 4. Praktisch alle Suchmaschinen interpretieren die Eingabe der Wörter „JDBC", „Typ-4" und „Treiber" als drei Wörter einer Suchanfrage, die implizit durch ein logisches Oder verknüpft sind. Diese Anfrage liefert alle Dokumente, die „JDBC" *oder* „Typ-4" *oder* „Treiber" enthalten. Dagegen liefert die Suchanfrage „JDBC Typ-4 Treiber" alle Dokumente, die die drei natürlichsprachlichen Wörter als *ein* Wort der formalen Suchsprache enthalten. Das Leerzeichen ist dann nicht, wie sonst üblich, ein Trennzeichen *zwischen* Wörtern sondern ein ganz normales Zeichen, das *in* einem Wort erlaubt ist. $\square$

Aufgabe 4.6
Wie in der Arithmethik oder für logische Ausdrücke gelten für reguläre Ausdrücke Rechenregeln, die die Transformation regulärer Ausdrücke ermöglichen und die Berechnung der zugehörigen Sprache vereinfachen können. Formulieren Sie ein Distributivitätsgesetz für reguläre Ausdrücke und weisen Sie seine Korrektheit nach.

Reguläre Ausdrücke erlauben die kompakte Darstellung von Sprachen. Wie gelangen wir nun von einem Automaten zu einem regulären Ausdruck, der genau die von ihm akzeptierte Sprache beschreibt bzw. von einem regulären Ausdruck zu einem passenden endlichen Automaten?

Die Vorgehensweise wollen wir am Beispiel kennenlernen. Anschaulich gilt: Die Hintereinanderausführung von Zustandsübergängen im Automaten entspricht der Konkatenation der zugehörigen Eingaben im regulären Ausdruck, mehrere alternative Möglichkeiten, von einem Zustand aus Folgezustände zu erreichen, entsprechen einem + im regulären Ausdruck und ein Zustandsübergang zurück zu einem bereits besuchten Zustand, also eine Schleife, entspricht einer $*$-Konstruktion über die dazwischen verarbeiteten Eingaben.

Beispiel 4.5

Bezeichner in einer Programmiersprache beginnen mit einem Buchstaben, woran sich beliebig viele Buchstaben und Ziffern anschließen. Der reguläre Ausdruck lautet

$$(a + b + \ldots + y + z).(a + b + \ldots + y + z + 0 + 1 + \ldots + 9)^*$$

Der zugehörige Automat ist in Abbildung 4.4 dargestellt. $\square$

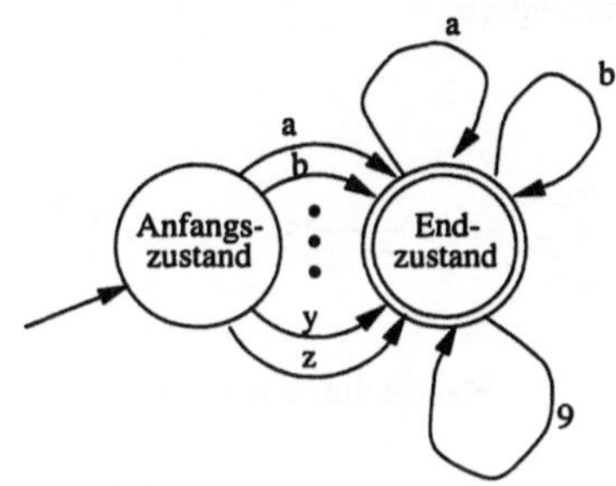

Abbildung 4.4: Endlicher Automat zur Erkennung von Bezeichnern

Aufgabe 4.7 (Abstimmung eines Radios)

Gegeben sei der Automat in Abbildung 4.5. Wie sieht der dazugehörige reguläre Ausdruck aus?

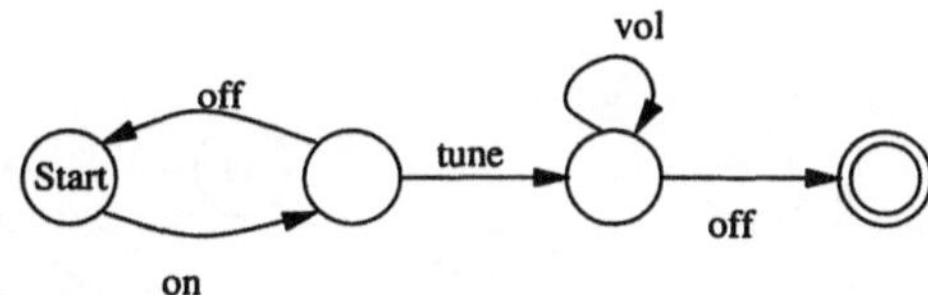

Abbildung 4.5: Endlicher Automat zur Abstimmung eines Radios

Aufgabe 4.8

Geben Sie den regulären Ausdruck an, der den Geldspielautomat aus Beispiel 4.1 beschreibt.

Das umgekehrte Vorgehen – die Konstruktion eines regulären Ausdrucks zu einem gegebenen Automaten – ist komplizierter. Wir wollen hierauf ausführlich eingehen, da praktische Probleme häufig dadurch bearbeitet werden, dass das Übergangsdiagramm eines endlichen Automaten entwickelt wird.

Diese Darstellung ist anschaulich, intuitiv und leicht realisierbar, die vom Automaten akzeptierte Sprache aber oftmals nicht so leicht zu erkennen. Das folgende Verfahren transformiert schrittweise das Zustandsübergangsdiagramm und entfernt dabei Zustände und Zustandsübergänge. Die Kantenbeschriftung mit einem passenden regulären Ausdruck führt Buch über die vorgenommenen Transformationen und wächst, während das Übergangsdiagramm schrumpft. Am Ende zeigt die Kantenbeschriftung den zum ursprünglichen Automaten passenden regulären Ausdruck.

Es gibt folgende Eliminationsregeln:

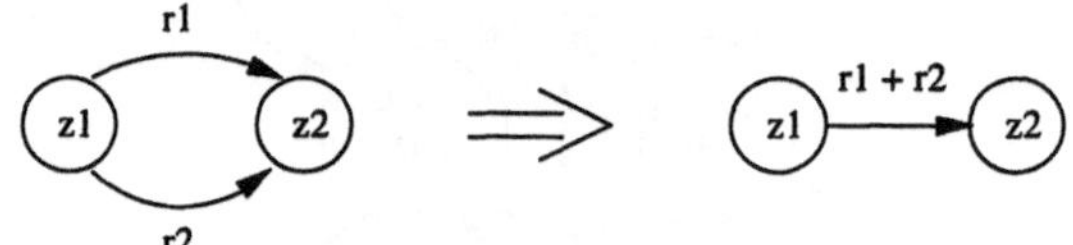

Kantenelimination

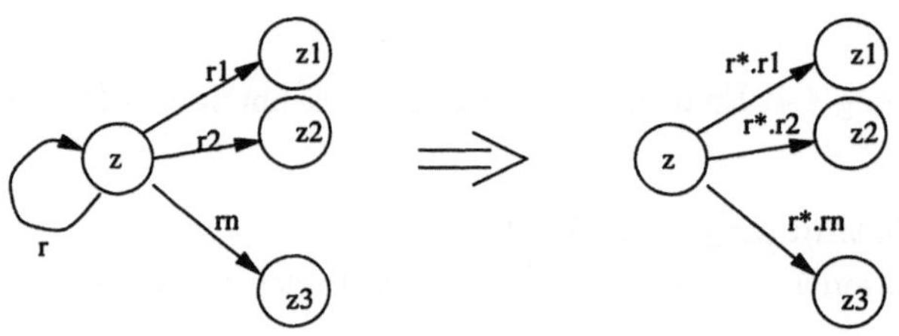

Schleifenelimination

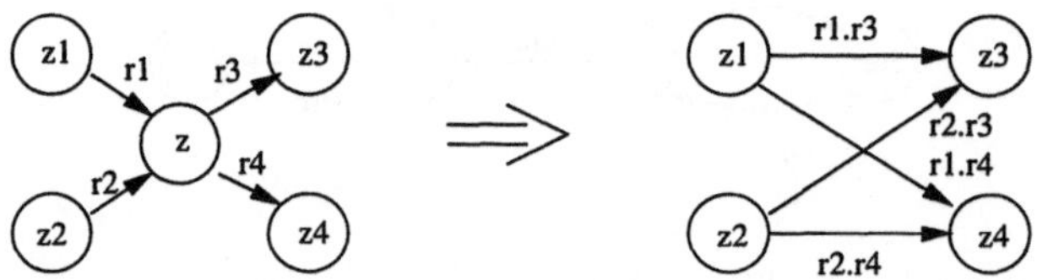

Knotenelimination

Um von einem endlichen Automaten $A = (E, Z, z_0, f, F)$ zum regulären Ausdruck zu gelangen, wenden wir folgendes Verfahren an:

1. Initialisierung

   Füge zwei neue Knoten α und ω hinzu und folgende Kanten

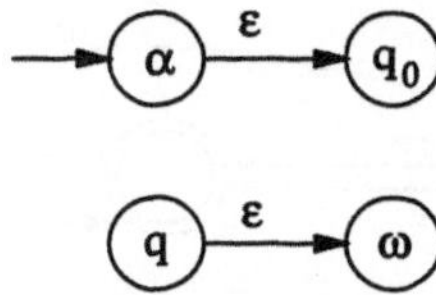

für den Startzustand q_0 und alle Endzustände $q \in F$. α repräsentiert einen Hilfsanfangszustand, ω den einzigen Hilfsendzustand. Die Kanten werden mit ϵ beschriftet, da sie neu hinzugefügt werden und keine alten Kantenbeschriftungen gemerkt werden müssen.

2. Eliminiere Kanten gemäß Kanteneliminationsregel so weit wie möglich.

3. Eliminiere Schleifen gemäß Schleifeneliminiationsregel so weit wie möglich.

4. Eliminiere Knoten gemäß Knoteneliminationsregel so weit wie möglich.

5. Wiederhole die Schritte 2 bis 4 so lange, bis keine Eliminationen mehr stattfinden.

6. Existiert zum Schluss keine Kante mehr zwischen α und ω, so ist der gesuchte reguläre Ausdruck „leer", sonst ist es die Kantenmarkierung zwischen α und ω.

Beispiel 4.6 (Endlicher Automat und regulärer Ausdruck)
Wir betrachten folgende Aufgabenstellung, zu der wir zunächst einen endlichen Automaten konstruieren und dann den zugehörigen regulären Ausdruck ermitteln.

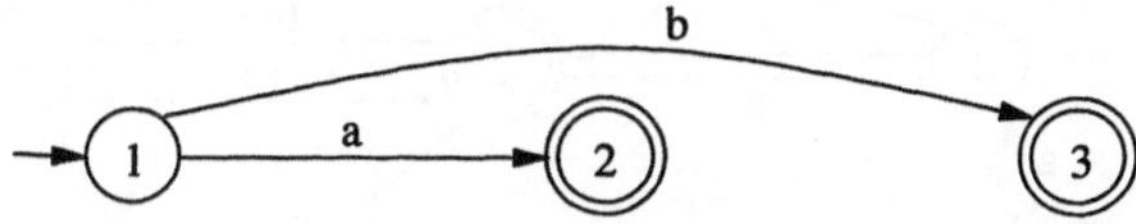

In einer Verwaltung nimmt Abteilung 1 Aufträge entgegen. Nach der Bearbeitung werden diese in Abhängigkeit von der Auftragsart (a oder b) an Abteilung 2 (prüft a) oder Abteilung 3 (prüft b) weitergeleitet.

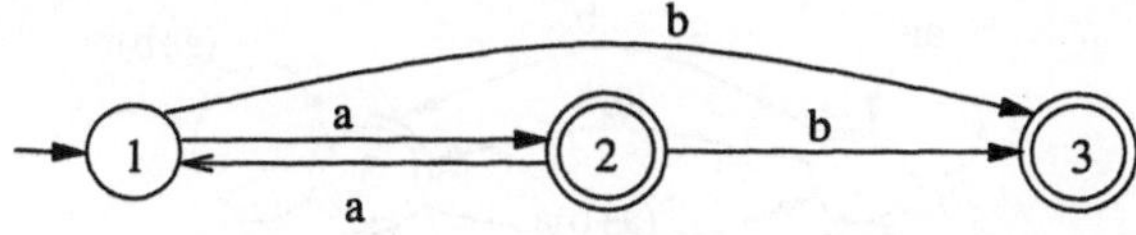

Stellt Abteilung 2 einen Fehler fest, wird der Auftrag a zurück an Abteilung 1 verwiesen, stellt Abteilung 2 fest, dass auch Bearbeitungsanteile für Abteilung 3 enthalten sind, wird der Auftrag (mit Auftragsart b) an Abteilung 3 weitergeleitet.

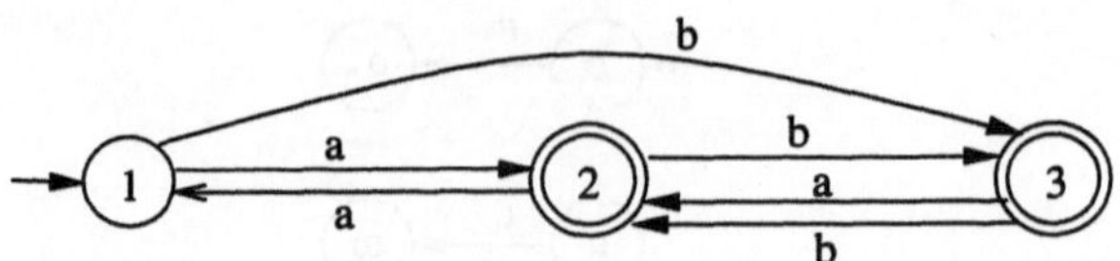

Abteilung 3 wendet sich für Rückfragen stets an Abteilung 2.

Zur Bestimmung des zugehörigen regulären Ausdrucks arbeiten wir nun die Schritte 1 bis 6 des Eliminationsverfahren sukzessive ab.

- Initialisierung führt zu

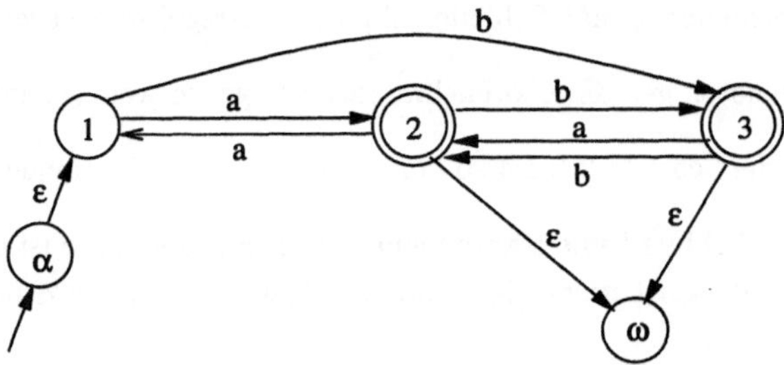

- Kantenelimination führt zu

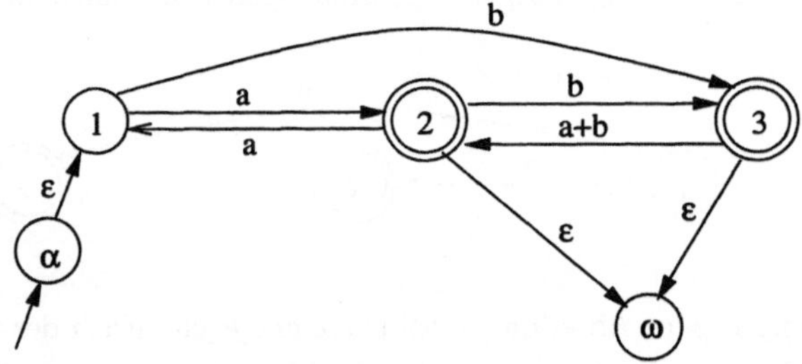

- Knotenelimination führt zu

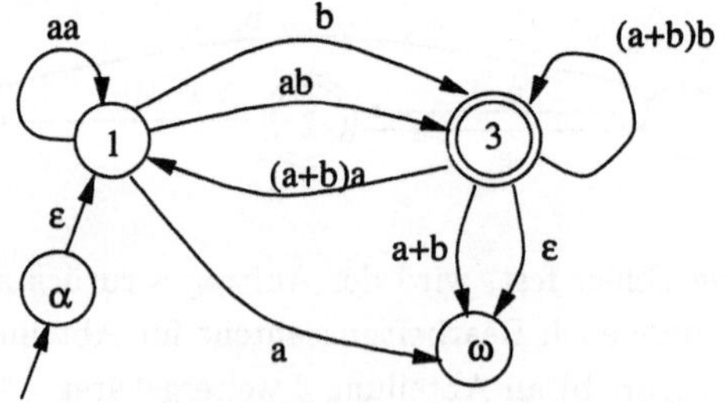

- Kanten- und Schleifenelimination führt zu

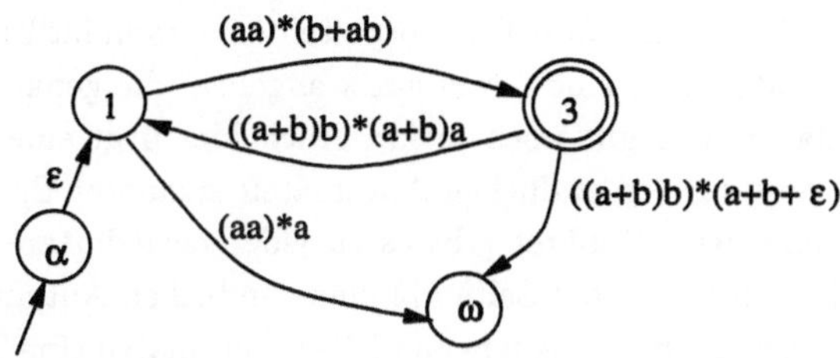

- Knotenelimination führt zu

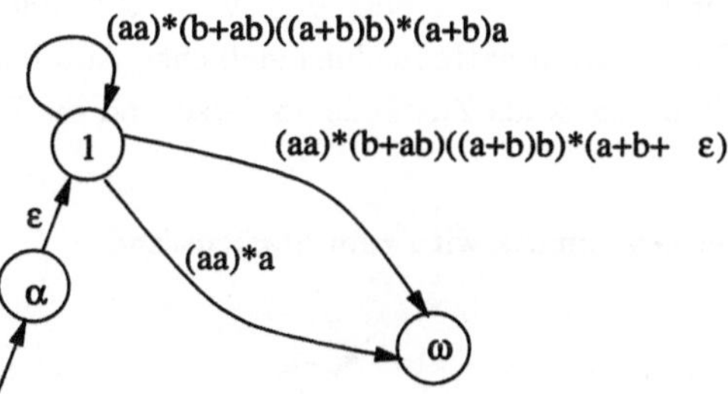

- Durch Kantenelimination, Schleifenelimination und schließlich Elimination von Zustand 1 erhalten wir

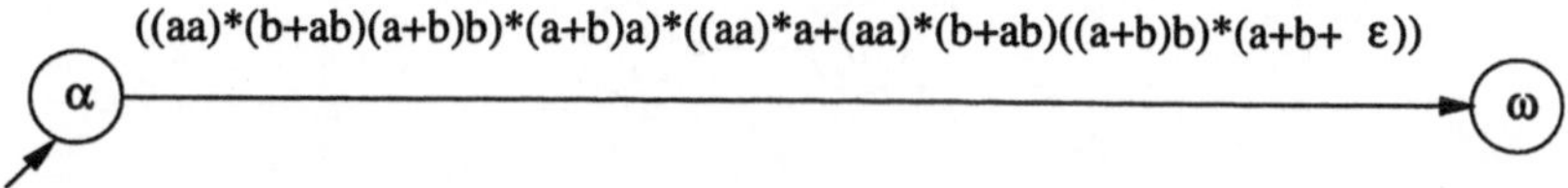

Was sagt dieser reguläre Ausdruck anschaulich aus? Er gibt die Bearbeitungsvorgänge in der modellierten Verwaltung an: Im einfachsten Fall wird eine Akte vom Typ a einmal bearbeitet und der Vorgang ist abgeschlossen. Es gibt aber, wie der reguläre Ausdruck erkennen lässt, auch deutlich kompliziertere Bearbeitungsvorgänge[3].

Aufgabe 4.9

Auch eine Akte vom Typ b kann durch nur einen Bearbeitungsschritt abgeschlossen werden. Wo erkennen Sie dies am regulären Ausdruck?

---

[3]Wenn der Verwaltungsautomat nun ein Automat mit „Ausgabe" wäre, der bei jeder Weitergabe eines Antrags einen Vermerk in ein zentrales Register erstellen würde, könnte man anhand dieser Vermerkfolgen die Arbeit der Verwaltung versuchen zu entschlüsseln.

Mit den regulären Ausdrücken haben wir eine kompakte Notation für genau die von endlichen Automaten akzeptierten Sprachen kennengelernt. Was haben diese Sprachen nun mit den im Kapitel 3 *Formale Sprachen* vorgestellten Grammatiken zu tun? Lässt sich zu jedem endlichen Automaten eine Grammatik angeben, die genau die von ihm erkannte Sprache erzeugt? Ja, und es gilt noch mehr: Auch hier liegt eine eindeutige Beziehung vor zwischen der Klasse der von endlichen Automaten erkannten Sprachen und der Menge der rechtslinearen Sprachen. Konkret gibt es zu jeder rechtslinearen Grammatik (Typ-3-Grammatik, siehe Definition 3.2 auf Seite 47) einen endlichen Automaten, der die erzeugte Sprache erkennt und umgekehrt zu jedem endlichen Automaten eine Typ-3-Grammatik, die die erkannte Sprache erzeugt.

In einer Typ-3-Grammatik $G = (T, N, P, S)$ haben Produktionen $p \to q \in P$ die folgende Form: Entweder $p \in N \land q = \epsilon$ oder $p \in N \land q \in T$ oder $p \in N \land q \in TN$. Wir überführen nun eine Typ-3-Grammatik in einen endlichen Automaten, indem wir die Nichtterminalzeichen der Grammatik als Zustände kodieren und die Produktionen wie folgt als Zustandsübergänge:

Das Startsymbol S der Grammatik wird zum Startzustand

Produktionen $p \to ap'$ mit $p, p' \in N$ und $a \in T$ führen zu Zustandsübergängen

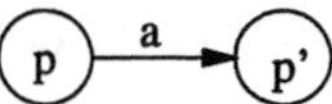

Produktionen $p \to \epsilon$ kennzeichnen den Zustand p als Endzustand

Produktionen $p \to a$ mit $a \in T$ führen in einen zusätzlichen Endzustand *Ende*

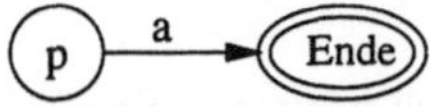

Der so definierte Automat arbeitet ausgehend vom Startzustand bis Erreichen des Endzustands genau die Folgen von Terminalzeichen ab, die sich durch die Produktionen der Grammatik schrittweise aus dem Startsymbol ableiten lassen.

Beispiel 4.7

Sei $G = (T, N, P, S)$ eine Typ-3-Grammatik mit

$$
\begin{aligned}
T &= \{a, \ldots, z, 0, \ldots, 9\} \\
N &= \{\text{ identifier, letterordigit }\} \\
S &= \text{identifier} \\
P &= \{\text{ identifier} \rightarrow a \text{ letterordigit} \mid \ldots \mid z \text{ letterordigit} \\
&\qquad \text{letterordigit} \rightarrow \epsilon \mid \\
&\qquad\qquad a \text{ letterordigit} \mid \ldots \mid z \text{ letterordigit} \mid \\
&\qquad\qquad 0 \text{ letterordigit} \mid \ldots \mid 9 \text{ letterordigit} \}
\end{aligned}
$$

Der durch unsere Transformationsregeln entstehende zugehörige Automat ist in Abbildung 4.6 dargestellt. □

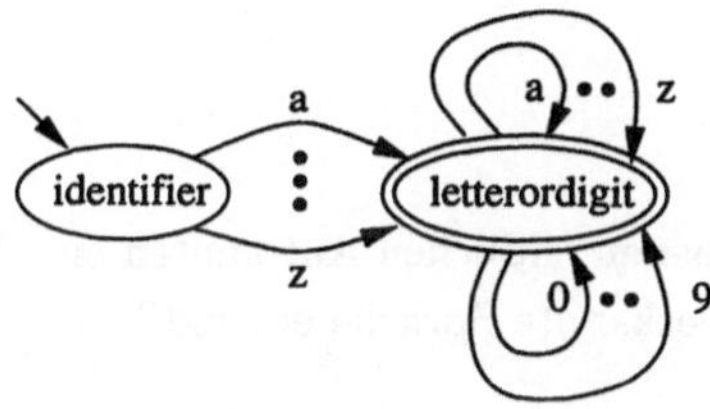

Abbildung 4.6: Endlicher Automat für Beispiel 4.7

Aufgabe 4.10

Ein Automat soll strukturierte Datensätze einlesen. Hierbei sei a eine Artikelnummer, b ein Trennsymbol und p der Preis. Wie sieht jeweils der Automat aus, der diese Sprachen akzeptiert? Geben Sie eine Zustandsübergangsmatrix oder das Zustandsübergangsdiagramm an. Die Muster der Datensätze werden in den folgenden regulären Ausdrücken angegeben:

1. $((ap) + (pa))b$

2. $a^* a^* bp$

3. $(a^* p)^* b$

4. $(ap)^* b$

Geben Sie Programm-Code zur Überprüfung der Datensätze an.

Aufgabe 4.11

Was bedeutet anschaulich: Die durch die Zustandsübergangsmatrix festgelegte Zustandsübergangsrelation ist nicht rechtseindeutig?

Aufgabe 4.12
Durch bestimmte Eingabefolgen können wir ein Studenten-Tamagotchi steuern. Die Eingabemöglichkeiten sind: *büffeln, schlafen, feiern.* Der Zustand eines Studenten wird (etwas vergröbert) charakterisiert durch seine Laune (z. B. *gutdrauf* oder *lustlos*) und seine Arbeitsmoral (z. B. *fleissig* oder *keinBock*). Die Menge der Zustände eines Studenten sind also alle Kombinationen der Launen- und Moral-Werte, hier gerade die vier Paare aus der Kombination {*gutdrauf, lustlos*} × {*fleissig, keinBock*}.

Wie könnte ein entsprechender Automat aussehen, der nach Eingaben Zustände (sinnvoll) wechselt und auch die Möglichkeit bietet, den Endzustand zu erreichen. Stellen Sie den Automaten als Diagramm und Matrix dar. Sie können die Zustandsbezeichner abkürzen, z. B. (g, f) statt *(gutdrauf, fleissig)*. Schreiben Sie ein paar Sätze der Sprache auf (also: was muss ich in welcher Reihenfolge tun, damit ich von *(l,k)* wieder *(g,f)* werde) und schließlich den regulären Ausdruck.

Aufgabe 4.13
Wie können Sie zu einem gegebenen endlichen Automaten eine Typ-3-Grammatik angeben, die genau die vom Automaten erkannte Sprache erzeugt?

4.4 Kellerautomaten

Endliche Automaten haben eine einzige Möglichkeit, sich etwas zu merken: in ihren Zuständen. Hiervon können sie zwar beliebig viele haben, ihre Anzahl muss aber bei der Definition des Automaten festgelegt werden. Wie wir in Beispiel 4.2 auf Seite 60 und Aufgabe 4.1 zur Überprüfung korrekter Klammerung gesehen haben, können wir für jede beliebige Klammertiefe n einen passenden endlichen Automaten konstruieren, der genau die korrekt geklammerten Ausdrücke der Tiefe n erkennt. Der Automat kann jedoch Klammerausdrücke der Tiefe $n + 1$ ohne neue Zustände nicht mehr überprüfen.

Um die Ausdruckskraft von Automaten – d. h. die Klasse der von ihnen erkannten Sprachen – zu vergrößern, müssen wir ihre Möglichkeiten, sich etwas zu merken, verbessern. Wir betrachten jetzt *Kellerautomaten.* Dies sind nichtdeterministische endliche Automaten, die um einen Speicher erweitert werden. Der Speicher ist in seiner Größe unbeschränkt, auf ihn kann aber nur sehr eingeschränkt zugegriffen werden. Er ist als Keller (auch Stapel, englisch Stack) organisiert, bei dem immer nur auf das oberste Symbol zugegriffen werden kann. Die Abarbeitung eines Eingabeworts erfolgt in Abhängigkeit von dem gerade gelesenen Symbol und dem aktuellen Zustand (wie bei endlichen Automaten) sowie dem obersten Kellereintrag und liefert einen Folgezustand (wie bei endlichen Automaten) sowie einen neuen obersten Kellereintrag. Abbildung 4.7 auf der nächsten Seite zeigt einen solchen Kellerautomaten.

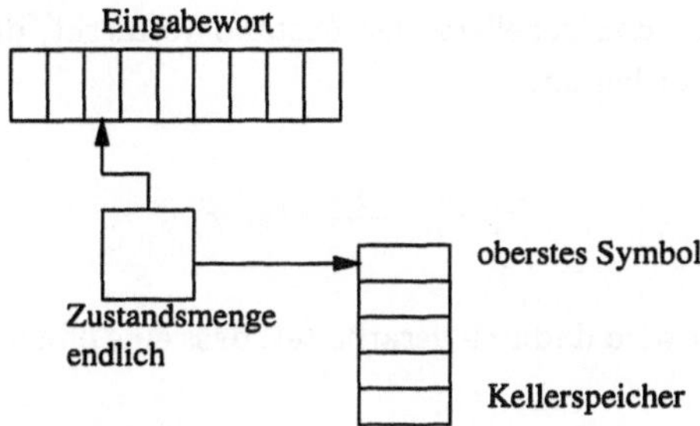

Abbildung 4.7: Schematische Darstellung eines Kellerautomaten

Wie sieht nun ein Kellerautomat aus, der für beliebige Klammertiefe die korrekte Klammerung überprüft?

Beispiel 4.8 (Kellerautomat für Klammerung)

Eingaben bestehen aus öffnenden und schließenden Klammern. Das Eingabealphabet E sei also $E = \{(,)\}$. Im Keller speichern wir nur gelesene öffnende Klammern. Für jede gelesene schließende Klammer entfernen wir die oberste öffnende Klammer vom Keller. Enden wir nach Abarbeiten der Eingabe bei einem leeren Keller, ist das Eingabewort korrekt geklammert, andernfalls liegt kein korrekter Klammerausdruck vor. Können wir für eine schließende Klammer keine öffnende Klammer vom Keller entfernen, liegt ebenfalls kein korrekter Klammerausdruck vor.

Da der „leere Keller" formal schwer zu fassen ist, legen wir ein Sondersymbol als Startzeichen des Kellers fest. Während der Verarbeitung ist das Startzeichen stets das unterste Symbol im Keller. Das Startsymbol k_0 sei also „start", das Kelleralphabet K sei $K = \{start, (\}$.

Die geschilderte Arbeitsweise erfassen wir in einer Relation, die den aktuellen Zustand z, das verarbeitete Eingabesymbol a und das oberste Kellersymbol k überführt in einen neuen Zustand z' und eine neue Kellerspitze k'. Als Schreibweise verwenden wir $(z, k) \xrightarrow{a} (z', k')$. k' kann aus mehreren Symbolen bestehen, aber auch gleich ϵ sein, falls das oberste Kellersymbol k gelöscht werden soll. Interne Verarbeitungsschritte, für die kein neues Eingabesymbol abgearbeitet wird, erfassen wir durch die Verarbeitung der leeren Eingabe ϵ: $(z, k) \xrightarrow{\epsilon} (z', k')$.

Wir codieren den Anfangszustand mit z_0, den Zustand „geöffneter Klammerausdruck" mit z_1 und den Endzustand mit z_2. Im Detail arbeitet der Kellerautomat zur Überprüfung korrekter Klammerung wie folgt:

$$(z_0, \text{start}) \xrightarrow{(} (z_1, (\ \text{start})$$
$$(z_1, () \xrightarrow{(} (z_1, (\ ()$$

Öffnende Klammern werden gekellert; der Zustand vermerkt, dass mindestens eine öffnende Klammer gelesen worden ist.

$$(z_1,\ ()\ \xrightarrow{\ )\ }\ (z_1,\ \epsilon)$$

Eine schließende Klammer wird dadurch verarbeitet, dass eine öffnende Klammer vom Keller entfernt wird.

$$(z_1,\ \text{start})\ \xrightarrow{\ \epsilon\ }\ (z_2,\ \epsilon)$$

Wenn wir wieder das Startsymbol des Kellers erreichen, müssen zuvor alle gekellerten öffnenden Klammern aus dem Keller entfernt worden sein, d. h. es muss genau die passende Anzahl von schließenden Klammern verarbeitet worden sein. Wir haben also einen korrekt geklammerten Ausdruck abgearbeitet, der gleich viele öffnende wie schließende Klammern enthält, wobei jedes Anfangsstück höchstens soviele schließende wie öffnende Klammern umfasst. Der Kellerautomat geht in den Endzustand über.

Definition 4.4 (Kellerautomat)
Ein Kellerautomat K ist ein 7-Tupel $KA = (E, Q, K, \rightarrow, q_0, z_o, F)$, wobei

$\quad E \quad$ die endliche Eingabemenge,
$\quad Q \quad$ die endliche Zustandsmenge,
$\quad K \quad$ das Kelleralphabet,
$\quad \rightarrow \quad$ die Verarbeitungsrelation $\rightarrow\ \subseteq (Q \times K \times E \cup \{\epsilon\}) \times (Q \times K^*)$,
$\quad q_0 \quad$ der Anfangszustand,
$\quad k_0 \quad$ das Startsymbol des Kellers und
$\quad F \quad$ die Menge $F \subseteq Q$ der Endzustände ist.

„$\rightarrow$" ist eine Relation und nicht unbedingt eine Funktion – ein Kellerautomat arbeitet also nichtdeterministisch. Analog zu (nichteterministisch arbeitenden) endlichen Automaten ist die von einem Kellerautomaten KA akzeptierte Sprache definiert: $L(KA)$ ist die Menge der Eingabeworte, deren Verarbeitung den Kellerautomaten vom Anfangszustand in einen Endzustand überführt.

In der Literatur gibt es verschiedene andere Definitionen von Kellerautomaten. Insbesondere kann die Endzustandsmenge F entfallen; der Kellerautomat hält in diesem Fall, sobald der Keller leer ist. Diese Variante eines Kellerautomaten ist äquivalent zur betrachteten Definition von Kellerautomaten, d. h. es wird die gleiche Sprachklasse erkannt.

Aufgabe 4.14

Der vorgestellte Kellerautomat geht nach Einlesen korrekter Klammerausdrücke in den Endzustand über. Bei unkorrekt geklammerten Eingaben wird der Endzustand nicht erreicht. Erweitern Sie den Automaten dahingehend, dass er eine Fehleranalyse vornimmt: Führen Sie Zustände „(expected" und „) expected" ein und definieren Sie die entsprechenden Zustandsübergange. Beschreiben Sie informell wie Ihr Kellerautomat in die Syntaxüberprüfung einer Eingabe eingebaut und für möglichst genaue Fehlererkennung verwendet werden kann.

Aufgabe 4.15

Sie entwickeln ein Kurzzeitgedächtnis-Quiz, in dem am Bildschirm Symbole, Wörter oder Zahlen erscheinen, die von den Spielerinnen anschließend in umgekehrter Reihenfolge zu wiederholen sind (d. h. das zuletzt gezeigte Symbol ist als erstes anzugeben und das zuerst gezeigte Symbol am Ende). Entwerfen sie (informell ?) einen Kellerautomaten zur Überprüfung der Eingabe. Gehen Sie hierfür von drei zur Verfügung stehenden Symbolen $\triangle$ $\square$ $\bigcirc$ aus.

Im Kapitel 3, Formale Sprachen, haben wir mit der Chomsky-Hierachie verschiedene für die Informatik wichtige Sprachklassen kennengelernt. Wie stehen nun Kellerautomaten zu diesen formalen Sprachen? Auch hier gilt – wie schon bei den endlichen Automaten – eine eindeutige Beziehung zwischen einer Sprachklasse aus der Chomsky-Hierarchie und den von Kellerautomaten erkannten Sprachen: Kellerautomaten erkennen genau die kontextfreien Sprachen. Zu jedem Kellerautomaten gibt es also eine kontextfreie Grammatik, die genau die von ihm erkannte Sprache erzeugt und umgekehrt gibt es zu jeder kontextfreien Grammatik einen Kellerautomaten, der genau die erzeugte Sprache erkennt. Mehr noch: Dieser Kellerautomat kann nach festen Regeln aus der Grammatik generiert werden. Dieser Zusammenhang ist besonders interessant, weil die meisten Programmiersprachen durch eine kontextfreie Grammatik (plus einige zusätzliche Eigenschaften) definiert sind. Allein aus Vorgabe dieser Grammatik kann automatisch der Parser der Programmiersprache erzeugt werden, der die syntaktische Korrektheit von Programmen dieser Programmiersprache überprüft. Der Parser ist nichts anderes als die Umsetzung des zur Grammatik passenden Kellerautomaten in ein Programm. Konkrete marktgängige Beispiele für Parser-erzeugende Systeme sind YACC (Yet Another Compiler Compiler) und seine vielen Abkömmlinge. YACC ist als Systemprogramm auf allen UNIX-Betriebssystemen vorhanden, die GNU-Implementierung von YACC ist Bison und sogar als Source-Code im Internet erhältlich.

Das folgende Beispiel veranschaulicht den Zusammenhang zwischen kontextfreien Grammatiken und Kellerautomaten.

Beispiel 4.9 (Kellerautomat aus Grammatik)

Sei $G = (T, N, P, S)$ eine kontextfreie Grammatik mit den Terminalzeichen $T = \{(,)\}$, dem

Startsymbol S als einzigem Nichtterminalzeichen $N = \{S\}$ und folgenden Produktionen
$P : S \to ()|(S)|SS$. Die erzeugte Sprache $L(G)$ ist genau die Menge der korrekten Klammerausdrücke. Beispiele für Ableitungen sind etwa

$$S \xrightarrow{2} (S) \xrightarrow{1} (())$$

oder

$$S \xrightarrow{3} SS \xrightarrow{1} ()S \xrightarrow{2} ()(S) \xrightarrow{1} ()(())$$

wobei die Ziffern über dem Pfeil die Anwendung der ersten, zweiten oder dritten Ableitung
angeben.

Der passende Kellerautomat muss genau die Produktionen der Grammatik nachbilden.
Daher beginnt er mit dem Startsymbol S als initialem Kellerinhalt. Kontextfreie Grammatiken haben immer auf der linken Seite einer Produktion ein einziges Nichtterminalzeichen
stehen. Wenn also der oberste Kellereintrag des Kellerautomaten ein Nichtterminalzeichen
ist, muss hierauf eine passende Produktion angewandt und das Nichtterminalzeichen durch
die rechte Seite der Produktion ersetzt werden. In unserem Beispiel der korrekten Klammerausdrücke führt dies zu folgender Arbeitsweise des Kellerautomaten:

$$(z_1, S) \xrightarrow{\epsilon} (z_1, ())$$
$$(z_1, S) \xrightarrow{\epsilon} (z_1, (S))$$
$$(z_1, S) \xrightarrow{\epsilon} (z_1, SS)$$

Da bei diesen Ableitungen keine Eingaben verarbeitet werden, handelt es sich um ϵ-Über-
gänge des Kellerautomaten.

Der Abgleich mit einem auf syntaktische Korrektheit zu überprüfenden Eingabewort
findet statt, sobald an der Kellerspitze ein Terminalzeichen steht. Dieses kann entfernt
werden, wenn es mit den nächsten einzulesenden Terminalzeichen des Eingabewortes über-
einstimmt. In diesem Fall ist sichergestellt, dass das bisher verarbeitete Anfangsteilstück
des Eingabeworts auch Anfangsteilstück eines Wortes ist, das durch Anwendung von Produktionen aus dem Startsymbol abgeleitet werden kann. Die entsprechenden Arbeitsschritte
des Kellerautomaten sind:

$$(z_1, () \xrightarrow{(} (z_1, \epsilon) \text{ und}$$
$$(z_1,)) \xrightarrow{)} (z_1, \epsilon)$$

Wir betrachten die Verarbeitung des Eingabeworts „(())()“ durch den entwickelten Kel-
lerautomaten. Tabelle 4.3 auf der nächsten Seite gibt die schrittweise Entwicklung des
Kellerinhalts und die damit verbundene sukzessive Abarbeitung des Eingabeworts wieder.
Da der Kellerautomat nur den Zustand z_1 hat, führen wir ihn in der Tabelle nicht auf.

Kellerinhalt	Eingabewort
S	(())()
SS	(())()
(S)S	(())()
S)S	())()
())S	())()
))S	))()
)S	)()
S	()
()	()
)	)
ϵ	ϵ

Tabelle 4.3: Kellerautomat beim Abarbeiten von „(())()"

Die beschriebene Vorgehensweise wird in der Literatur als *Top-Down-Syntaxanalyse* bezeichnet, da sie vom Startsymbol ausgehend zu den Terminalzeichen führt. Auch die umgekehrte Vorgehensweise, die sogenannte *Bottom-Up-Syntaxanalyse* ist möglich. Sie setzt beim zu überprüfenden Eingabewort an und sucht hier nach der rechten Seite einer Produktion, die dann im Keller auf die zugehörige linke Seite der Produktion reduziert , d. h. durch sie ersetzt wird. Wir betrachten die Bottom-Up-Syntaxanalyse durch einen Kellerautomaten wieder am Beispiel „(())()".

Kellerinhalt	Eingabewort
start	(())()
start (	())()
start ((	))()
start (()	)()
start (S	)()
start (S)	()
start S	()
start S(	)
start S()	ϵ
start SS	ϵ
start S	ϵ

Tabelle 4.4: Bottom-Up-Kellerautomat für „(())()"

Das Erreichen des Kellerinhalts start S bedeutet, dass sich das bis dahin verarbeitete Eingabewort auf das Startsymbol der Grammatik reduzieren lässt, also ein (syntaktisch korrektes) Wort der erzeugten Sprache ist.

Den Zusammenhang zwischen Bottom-Up- und Top-Down-Analyse verdeutlicht der sogenannte Syntaxbaum (Strukturbaum), den wir schon im Kapitel *Formale Sprachen* kennengelernt haben:

Aufgabe 4.16
Gegeben sei die kontextfreie Grammatik für arithmethische Ausdrücke aus Beispiel 3.18 auf Seite 49 und der Ausdruck $a * (b + b * a)$. Geben Sie hierzu den Strukturbaum an.

Bei der Syntaxanalyse eines Programms durch den Parser wird intern ein Strukturbaum erzeugt. Dieser Strukturbaum kann für die Code-Erzeugung durch den Compiler weiterverwendet werden, indem die Produktionen der Grammatik durch zusätzliche Anweisungen für den Compiler ergänzt werden. Durch das Aufsammeln dieser Anweisungen entlang einer (Bottom-Up- oder Top-Down-) Syntaxanalyse eines Programms ergibt sich dann die operationale Semantik für dieses Programm.

4.5 Turing-Maschinen

Kellerautomaten haben zwei Möglichkeiten, sich etwas zu merken: einmal in ihren endlich vielen Zuständen, zum anderen in ihrem kellerartig organisierten, unbeschränkten Speicher, auf den sie in eingeschränkter Weise (nur auf das jeweils oberste Element) zugreifen können. Damit können Kellerautomaten mehr Sprachen erkennen als endliche Automaten (vergleichen Sie das Beispiel korrekter Klammerausdrücke, 4.8 auf Seite 73). Reichen nun Kellerautomaten aus, um beliebige formale Sprachen (von Grammatiken erzeugte Sprachen, Typ-0-Sprachen) zu erkennen? Das folgende Beispiel stellt eine Sprache vor, die nicht von Kellerautomaten erkannt werden kann.

Beispiel 4.10
In einem Lernprogramm für Vorschulkinder sind drei verschiedene Symbole $\triangle$, $\square$ und $\bigcirc$ stets in gleicher Anzahl auf einer Linie anzuordnen. Richtige Antworten sind also beispielsweise $\triangle\triangle\square\square\bigcirc\bigcirc$ oder $\triangle\triangle\triangle\triangle\square\square\square\square\bigcirc\bigcirc\bigcirc\bigcirc$. Um die Korrektheit der Antworten zu

überprüfen, muss die Anzahl der drei Symbole verglichen werden. Dies ist in einem keller-artig organisierten Speicher nicht möglich! Für einen formalen Beweis verweisen wir auf die weiterführende Literatur [HU94, Sch92]. $\Box$

Um die Klasse der erkannten Sprachen zu erweitern, muss der Speicher anders organisiert werden und wahlfreien Zugriff auf beliebige Speicherzellen erlauben. Ein entsprechendes Modell stellte Alan Turing[4] 1936 mit der nach ihm benannten *Turing-Maschine* vor. Die Turing-Maschine ist aus zwei Gründen für uns interessant:

1. Turing-Maschinen erkennen alle von Grammatiken erzeugten formalen Sprachen (Chomsky Typ-0-Sprachen). Sie bilden damit das allgemeinste in der Informatik re-levante Modell zur Verarbeitung formaler Sprachen bzw. zur Ersetzung von Zeichen nach festen Regeln.

2. Turing-Maschinen können als sehr abstraktes Modell eines Computers verstanden wer-den. Sie bieten damit die Möglichkeit, von einem allgemeinen Rechnermodell ausge-hend präzise zu erfassen, was „berechenbar" ist.

Turing-Maschinen sind durch folgende Komponenten charakterisiert: eine endliche Zu-standsmenge, das Eingabealphabet und das Bandalphabet, mit dem der Speicher beschrie-ben werden kann. Ausgezeichnet ist ein Element des Bandalphabets als Leerzeichen „⊔", an dem nicht beschriebene Speicherzellen erkannt werden können. Die Turing-Maschine besitzt einen Schreib-/Lesekopf, mit dem sie auf den Speicher zugreifen und den sie nach rechts und links bewegen kann. Zustandsübergänge der Turing-Maschine hängen ab von ihrem aktu-ellen Zustand und dem Inhalt der gerade betrachteten Speicherzelle und führen zu einem Folgezustand, ggf. einem veränderten Inhalt der betrachteten Speicherzelle sowie ggf. einer Bewegung des Schreibkopfes nach rechts oder links. Abbildung 4.8 auf der nächsten Seite zeigt eine solche Turing-Maschine.

Der Einfachheit halber wird in der Regel angenommen, dass das Eingabewort zu Anfang im Speicher der Turing-Maschine steht, der ansonsten mit dem Leerzeichen initialisiert ist. Der Schreib-/Lesekopf zeigt auf das linkeste Eingabesymbol. Die Bearbeitung der Eingabe beginnt in einem ausgezeichneten Anfangszustand und endet, sobald ein Endzustand erreicht ist, aus dem keine weiteren Zustandsübergänge mehr möglich sind.

Wir halten die bisher informell gehaltene Charakterisierung einer Turing-Maschine in einer Definition formal fest.

---

[4]Britischer Computer-Pionier, der im 2. Weltkrieg an Entschlüsselungsmaschinen nach dem Prinzip der Turing-Maschine arbeitete. Nach ihm wurde auch der „Nobelpreis der Informatik", der *Turing-Award* benannt.

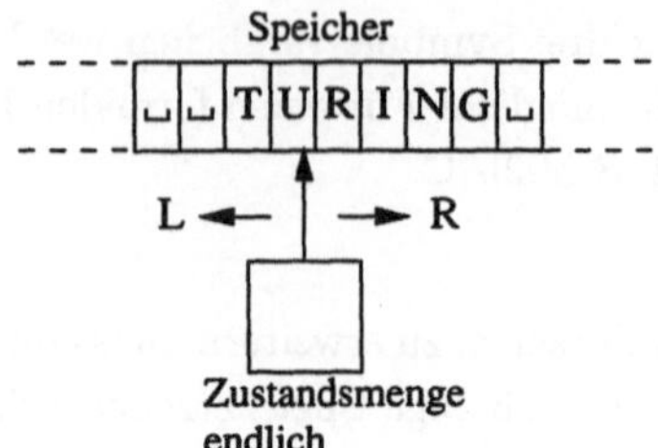

Abbildung 4.8: Schematische Darstellung eine Turing-Maschine

Definition 4.5 (Turing-Maschine)

Eine Turing-Maschine ist ein 7-Tupel $M = (Z, E, S, d, z_0, b, F)$ mit:

- Z eine endliche, nichtleere Zustandsmenge
- E eine endliche Menge von Eingabezeichen (Eingabealphabet)
- S eine endliche, nichtleere Menge von Speicherzeichen ($E \subseteq S$) (Bandalphabet)
- d Zustandsübergangsfunktion mit $d : Z \times S \to Z \times S \times \{R, L, N\}$
  (Für *R*echts, *L*inks, *N*icht bewegen)[5]
- z_0 der Anfangszustand aus Z
- b ein ausgezeichnetes Leerzeichen (blank) aus $S \setminus E$
- F die Menge der Endzustände $F \subseteq Z$. $\square$

Die Programmierung von Turing-Maschinen durch die Zustandsübergangsfunktion d ist recht mühsam, da jede Bewegung des Schreib-/Lesekopfs explizit angegeben und jeder mögliche Inhalt einer Speicherzelle explizit abgefragt werden muss.

Beispiel 4.11

Wir geben eine Turing-Maschine an, die für eine Eingabe $x \in \{0, 1\}^*$, also eine Binärzahl, mit der Bandinschrift $x + 1$ anhält, also eine 1 hinzuaddiert. Die Turing-Maschine sei $M = (\{z_0, z_1, z_2, z_e\}, \{0, 1\}, \{0, 1, \sqcup\}, d, z_0, \sqcup, \{z_e\})$.

Die Zustandsübergangsfunktion ist gegeben durch die folgende Tabelle:

	0	1	$\sqcup$
z_0	$(z_0,0,R)$	$(z_0,1,R)$	$(z_1,\sqcup,L)$
z_1	$(z_2,1,L)$	$(z_1,0,L)$	$(z_e,1,N)$
z_2	$(z_2,0,L)$	$(z_2,1,L)$	$(z_e,\sqcup,R)$

---

[5]Bedeutet: im Zustand $z \in Z$ und Speicherzeichen $s \in S$ nehme einen neuen Zustand an, verändere den Speicher an der Kopfposition und bewege den Kopf.

Diese Turing-Maschine geht im Zustand z_0 nach rechts über das Eingabewort, bis das erste Leerzeichen gefunden wird. Dann wird zur niederwertigsten Stelle eine 1 addiert. Der Zustand z_1 steht für „Übertrag in höherwertige Stelle", der Zustand z_2 zeigt an, dass kein Übertrag zu merken ist. In diesen beiden Zuständen läuft die Turing-Maschine nach links bis zum Ende des Wortes und hält dann an.

Mathematisch betrachtet definiert jede Turing-Maschine eine Funktion, die genau die möglichen Eingabeworte abbildet auf die Bandinschrift des Speichers, die bei Anhalten der Turing-Maschine in einem Endzustand dort steht. Die Funktion ist ggf. nur partiell definiert, weil die Turing-Maschine nicht bei allen möglichen Eingaben in einem Endzustand anhält. Umgekehrt heisst eine Funktion *Turing-berechenbar*, wenn es eine Turing-Maschine zu ihrer Berechnung gibt. Auf die Turing-Berechenbarkeit gehen wir noch ausführlich in Kapitel 6 ein.

Aufgabe 4.17
Entwickeln Sie eine Turingmaschine, die überprüft, ob die Eingabe die Form $\triangle^n \square^n \bigcirc^n$ hat und in diesem Fall mit der Bandinschrift $\sqrt{}$ anhält. Wie lautet konkret die zu berechnende Funktion?

Aufgabe 4.18
Schreiben Sie für den Addierer aus Beispiel 4.11 und das Eingabewort $\dots\sqcup\sqcup11\sqcup\dots$ die Folge von Turing-Maschinen-Aktivitäten auf, also eine Folge von (neuer Zustand, neues Speicherzeichen, Kopfaktion).

Im Kapitel 6 *Algorithmen* werden wir auf den Begriff der *Turing-Berechenbarkeit* zurückkommen und die sogenannte These von Church diskutieren, nach der genau die Problemstellungen, die von Turingmaschinen berechnet werden können auch diejenigen sind, die von beliebigen anderen denkbaren (vielleicht etwas schnelleren) Rechnern gelöst werden können. Das heißt umgekehrt: Die Probleme, die nicht schon mit einer Turing-Maschine (prinzipiell) berechnet werden können, können mit keinem anderen (Super-)Computer berechnet werden – da kann man sich die Programmentwicklung gleich sparen. Nach der These von Church können damit Turingmaschinen als Maß für die Lösbarkeit einer Aufgabe durch Informatikmethoden angesehen werden. Nichtlösbare Aufgaben werden wir ebenfalls in Kapitel 6 vorstellen.

Kapitel 5

Beschreibung nebenläufiger Prozesse

Automaten-Modelle beschreiben sequentielle Prozesse. In der realen Welt laufen aber häufig mehrere unabhängige Prozesse nebenläufig (nicht notwendig zeitlich parallel) ab, die gelegentlich untereinander Informationen austauschen und/oder sich synchronisieren (d. h. aufeinander warten).

Beispiel 5.1
In einem Workflow-System ist das „Vier-Augen-Prinzip" implementiert: Um einen Verarbeitungsschritt abzuschließen, müssen zwei Personen ihr ok zu diesem Verarbeitungsschritt geben. Die Zustimmung der beiden Personen ist in der zeitlichen Abfolge beliebig. Der Schritt als ganzer wird jedoch erst beendet, wenn beide ihr ok gegeben haben.

Beispiel 5.2
Mehrpersonen-Computer-Spiele: Die Spieler können ihre jeweiligen Züge der Runde n ohne Einfluss von den anderen Spielern oder auf die anderen Spieler ausführen. Der Computer synchronisiert die Spieler und berechnet, sobald alle Spieler ihren Zug n ausgeführt haben, die Auswirkungen der jeweiligen Züge.

Beispiel 5.3
Praktisch alle technischen Systeme funktionieren auf diese Art und Weise: Bahnübergangssteuerung mit Zugmelder, Kraftwerkssteuerung, Fließbandfertigung mit mehreren Bearbeitungsstationen, etc.

Auch hier ist ein Beschreibungsmodell gesucht, in dem diese (Multiprozess-) Systeme entworfen und präzise dokumentiert sowie ggf. simuliert und analysiert werden können. Dies verhindert, dass Systeme unter falschen Prämissen falsch oder nicht optimal realisiert werden: Vorher Simulieren, Testen und Analysieren macht teure Änderungen am fertigen

Programm überflüssig. Genauso, wie z. B. endliche Automaten und kontextfreie Grammatiken bei der Entwicklung von Software helfen, soll auch für verteilte Systeme der Schritt zur automatischen Umsetzung in ein Programm wieder vorbereitet werden.

5.1 Begriffliche Grundlagen von Bedingungs-/Ereignisnetzen

Wir wollen uns das Problem der Modellierung eines Ablaufes mit mehreren interagierenden Einheiten zunächst am Beispiel eines Bahnübergangs mit den unabhängigen (Teil-)Prozessen Zug- und Schrankenbewegung klarmachen. Zur Modellierung benutzen wir zunächst einen endlichen (sequentiell arbeitenden) Automaten. Da ein endlicher Automat zu einem Zeitpunkt immer nur einen Zustand annehmen kann, müssen wir alle Kombinationen der Zustände der Teilprozesse zu den Zuständen des endlichen Automaten zusammenfassen. Die Zustände der Teilprozesse können z. B. sein „Schranke ist oben", „Schranke ist unten" und „Zug passiert Signal", „Zug passiert Schranke". Als Kombination der Zustände der Teilprozesse ergibt sich das Kartesische Produkt dieser Teilzustände, also „Zug passiert Signal und Schranke ist oben", „Zug passiert Signal und Schranke ist unten", „Zug passiert Schranke und Schranke ist oben", „Zug passiert Schranke und Schranke ist unten". Vergleichen Sie auch die zusammengesetzten Zustände in Aufgabe 4.12 auf Seite 72 zum Studenten-Tamagotchi.

Wir sehen, dass die Modellierung eines nebenläufigen Prozesssystems in einem sequentiell arbeitenden Automaten schnell unübersichtlich und unhandlich wird. Im schlimmsten Fall müssen wir, wenn in Teil-Prozess A n Zustände, und in Teil-Prozess B m Zustände auftreten, alle $n * m$ Kombinationen betrachten. Noch schlimmer wird es bei Änderungen von Teil-Prozessen: Diese ziehen dann stets große Änderungen im Gesamtsystem nach sich. Bei nur einer Änderung eines Zustands in A müssen wir alle m Kombinationen mit den Zuständen in B überprüfen.

Als Lösung dieses Dilemmas schlug C. A. Petri 1961 eine Verallgemeinerung des Automatenbegriffs durch sogenannte Bedingungs-/Ereignisnetze vor, die nach ihrem Erfinder auch *Petri-Netze* genannt werden. Solche Netzmodelle sind Grundlage vieler Modellierungswerkzeuge für betriebliche und technische Systeme. Bedingungs-/Ereignisnetze setzen sich zusammen aus Bedingungen, die erfüllt oder nicht erfüllt sein können, sowie Ereignissen, die unter bestimmten Bedingungen stattfinden können und deren Ausführung zu ggf. veränderten Bedingungen führt. In der graphischen Darstellung von Bedingungs-/Ereignisnetzen werden Bedingungen durch Kreise und Ereignisse durch Kästchen repräsentiert. Anschaulich setzen sich Bedingungs-/Ereignisnetze aus folgenden Komponenten zusammen:

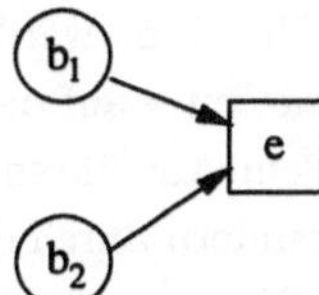

Sind sowohl die Bedingung b_1 als auch die Bedingung b_2 erfüllt, tritt das Ereignis e ein. Natürlich können noch weitere Bedingungen betrachtet werden. Für die Veranschaulichung sollen aber zwei genügen.

Sei b_1 die Bedingung „Schranke ist oben" und b_2 die Bedingung „Zug hat Signal passiert". Unter diesen Bedingungen sollte am Bahnübergang das Ereignis e „Schranke geht runter" stattfinden. Wir nennen die Menge dieser Bedingungen *Vorbereich* oder auch Vorbedingungen von e.

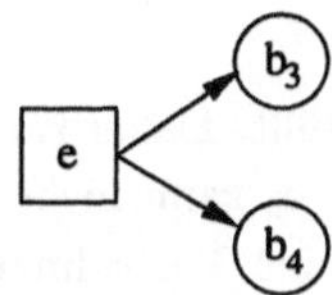

Nachdem das Ereignis e eingetreten ist, gelten die Bedingungen b_3 und b_4.

Nach dem Ereignis „Schranke geht runter" gilt die Bedingung b_3 „Schranke ist unten". Der Zug nähert sich noch weiter, was Bedingung b_4 ausdrückt „Zug hat Signal passiert". Wir nennen die Menge dieser Bedingungen *Nachbereich* oder auch Nachbedingungen von e.

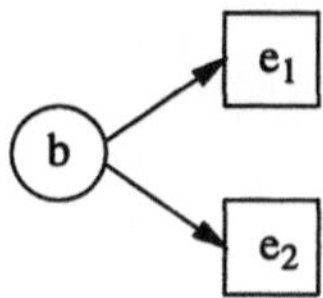

Wenn die Bedingung b gilt, ist das Ereignis e_1 möglich oder aber das Ereignis e_2.

Sei b die Bedingung „Zug hat Übergang passiert". Dies ist die Vorbedingung dafür, dass das Ereignis e_1 „Schranke geht hoch" eintreten kann. Alternativ kann sich aber als Ereignis e_2 „Zug nähert sich" der nächste Zug ankündigen (evt. abhängig von weiteren Vorbedingungen für e_2). In diesem Fall kann das Ereignis e_1 nicht eintreten, die Schranke muss unten bleiben.

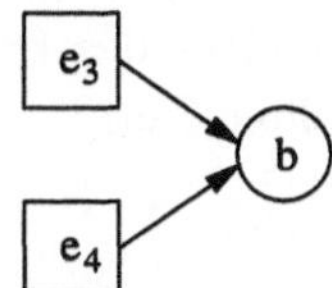

Sowohl das Eintreten von Ereignis e_3 als auch das Eintreten von Ereignis e_4 führt dazu, dass die Nachbedingung b erfüllt ist.

Sei e_3 das Ereignis „Freie Fahrt", das dem Lokführer die geschlossenen Schranken anzeigt. Dann gilt die Bedingung b „Übergang blockiert". Diese kann aber auch für den Fall gelten, dass das Ereignis e_4 „Bauarbeiten" eine Passieren des Bahnübergangs verhindert.

Um anzuzeigen, welche Bedingungen in einem Netz gerade erfüllt sind, werden diese *markiert*. Graphisch werden als Markierung Punkte – sogenannte *Marken* – auf denjenigen Kreisen angebracht, die die gültigen Bedingungen darstellen. Mit dem Ausführen von Ereignissen ändert sich die Gültigkeit von Bedingungen – die Marken wandern durch das Netz. Ein Ereignis kann stattfinden, wenn alle seine Vorbedingungen erfüllt, also markiert sind. Bei Ausführung des Ereignisses werden die Marken von seinen Vorbedingungen abgezogen und auf allen seinen Nachbedingungen abgelegt.

Beispiel 5.4 (Markenbewegung in einem Petri-Netz)

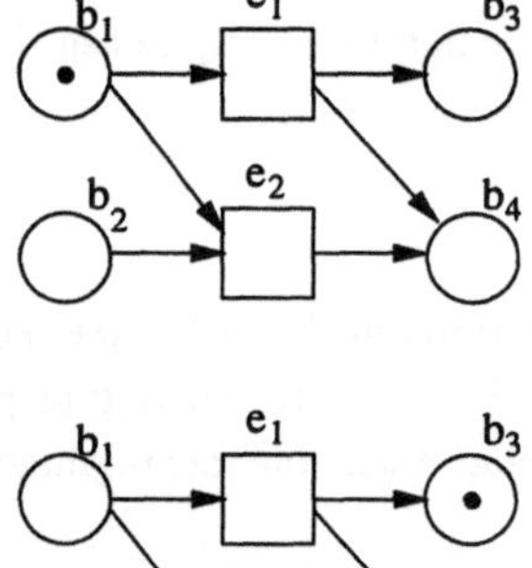

Die Bedingung b_1 ist erfüllt. Daher kann das Ereignis e_1 stattfinden. e_2 kann nicht stattfinden, da nicht alle seine Vorbedingungen erfüllt sind.

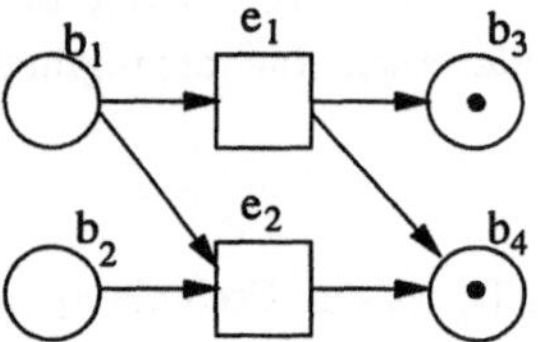

Nach Ausführen von e_1 gelten die Bedingungen b_3 und b_4.

Wollen wir erreichen, dass nach dem Ereignis e_1 die Bedingung b_1 wieder erfüllt wird, können wir in unser Netz eine „Schleife" einbauen.

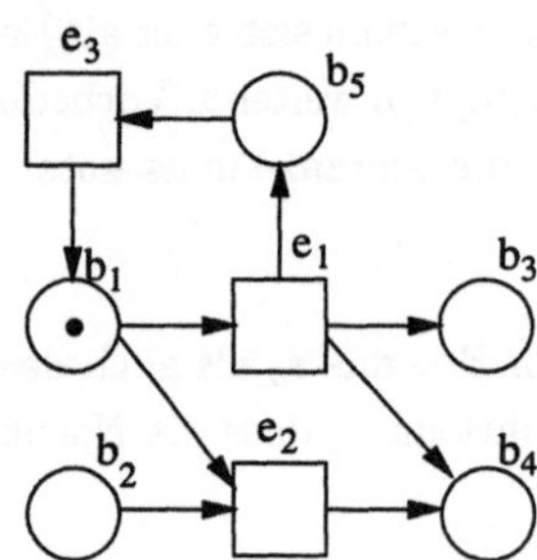

Mit b_5 wird nach dem Eintreten von e_3 wieder die Bedingung b_1 erfüllt. b_5 könnte einen Zeitschalter darstellen und e_3 das Ereignis des Ablaufs der eingestellten Zeit.

Die Marken dienen dazu, die Zustände eines Bedingungs-/Ereignisnetzes zu charakterisieren: Ein Zustand entspricht der Menge der erfüllten (markierten) Bedingungen. Ein Zustand wird auch als Markierung des Netzes bezeichnet.

Beispiel 5.5 (Bahnübergang als Bedingungs-/Ereignisnetz)
Wir sind nun in der Lage, einen Bahnübergang mit Hilfe eines Bedingungs-/Ereignisnetzes
vollständig zu beschreiben. Abbildung 5.1 zeigt unsere Modellierung, in der als Anfangsbe-
dingung die Schranke oben sei und ein Zug sich nähere. □

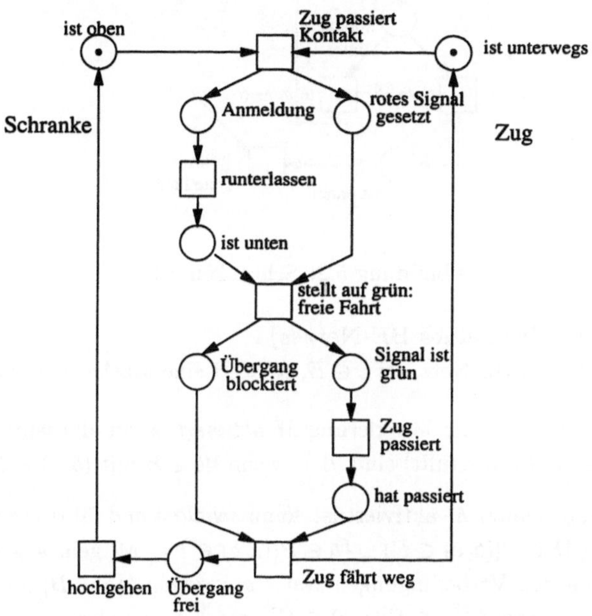

Abbildung 5.1: Ein Bahnübergang als BE-Netz

Beispiel 5.6 (Erweiterung um Schrankentest)
Als Erweiterung von Beispiel 5.5 betrachten wir in Abbildung 5.2 einen aktiven Schrankentest, der die Zuganmeldung gegebenenfalls wiederholt. □

Die nachfolgenden Definitionen präzisieren die bisher anschaulich eingeführten Begriffe.

Definition 5.1 (BE-Netz)
Ein 4-Tupel $N = (B, E, F, M_0)$ heißt *Bedingungs-/Ereignisnetz* (auch *CE-System*, Conditi-
on/Event-System), wenn

B ist endliche Menge von Bedingungen (graphisch ◯)
E ist endliche Menge von Ereignissen (graphisch □)
F ist die Fließrelation oder Menge der Kanten des Netzes, $F \subseteq (B \times E \cup E \times B)$
M_0 $\subseteq B$ ist die Anfangsmarkierung.

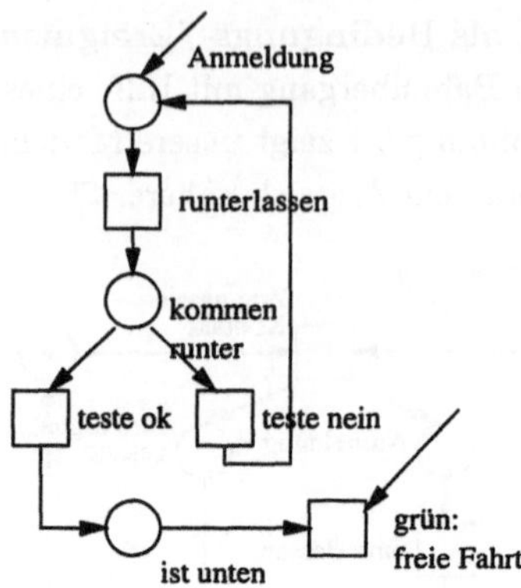

Abbildung 5.2: Schrankentest

Definition 5.2 (Verhalten eines BE-Netzes)

Sie $N = (B, E, F, M_0)$ ein BE-Netz, sei $e \in E$, $M \subseteq B$ eine Markierung von N.

- Das Ereignis e ist unter der Markierung M *aktiviert*, wenn alle seine Vorbedingungen unter M markiert (also erfüllt) sind, d. h. wenn $\forall b \in B$ mit $(b, e) \in F$ gilt: $b \in M$.

- Ein Ereignis e, das unter M aktiviert ist, kann *schalten* und führt zur Folgemarkierung M', $M' = M \setminus \{b \in B | (b, e) \in F\} \cup \{b \in B | (e, b) \in F\}$. M' geht aus M hervor, indem die Marken von den Vorbedingungen von e abgezogen ($\{b \in B | (b, e) \in F\}$) und die Nachbedingungen von e ($\{b \in B | (e, b) \in F\}$) markiert werden.

In BE-Netzen kann die kausale Abhängigkeit zwischen Bedingungen und Ereignissen dargestellt werden. In vielen praktischen Anwendungsfällen interessiert aber nicht nur die Kausalstruktur des Systems. Daher sind verschiedene Modellerweiterungen des BE-Netzes vorgenommen worden, die häufig alle unter dem Begriff der Petri-Netze subsummiert werden. In Abschnitt 5.2 stellen wir sie informell vor.

Aufgabe 5.1

Betrachten wir das Ausleihverfahren in einer Bibliothek: Registrierte BenutzerInnen begeben sich mit ausgefülltem Ausleihantrag zur besetzten Ausleihtheke. Dort wird Benutzerausweis und Ausleihantrag geprüft und im Fehlerfall moniert, andernfalls wird die Verfügbarkeit des gewünschten Buches geprüft. Ist das Buch verfügbar, erhält der Benutzer einen Ausleihschein, mit dem er das Buch am Abholschalter entgegennehmen kann.

- Modellieren Sie das Ausleihverfahren als BE-Netz.

- Begehrte Buchtitel können in mehreren Exemplaren in der Bibliothek vorhanden sein. Passen Sie Ihre Modellierung entsprechend an!

5.2 Weitere Petri-Netz-Klassen

Wie wir in Aufgabe 5.1 gesehen haben, sind in vielen praktischen Problemsituationen nicht nur Aussagen über das Vorhandensein/Nichtvorhandensein einer Ressource nötig, sondern auch direkte Quantifizierungen sollten ausgedrückt werden können. Wieviele Exemplare eines Buchtitels sind noch ausleihbar. Wieviel Material vom Typ A ist noch auf Lager?

Zur Darstellung derartiger Informationen sind die Stellen-/Transitionsnetze (S/T-Netze) eingeführt worden, die neben den BE-Netzen eine wichtige Teilklasse der Petri-Netze bilden. S/T-Netze setzen sich zusammen aus Transitionen (die den Ereignissen der BE-Netze entsprechen) und Stellen (die den Bedingungen entsprechen, aber zusätzlich Quantifizierungen enthalten): Stellen können mehrere Marken tragen; anschaulich entsprechen sie Lagern und die Marken quantifizieren den Ablauf im System. Dabei geben die Marken den Materialverbrauch oder die -erzeugung durch bestimmte Aktionen (Transitionen) an.

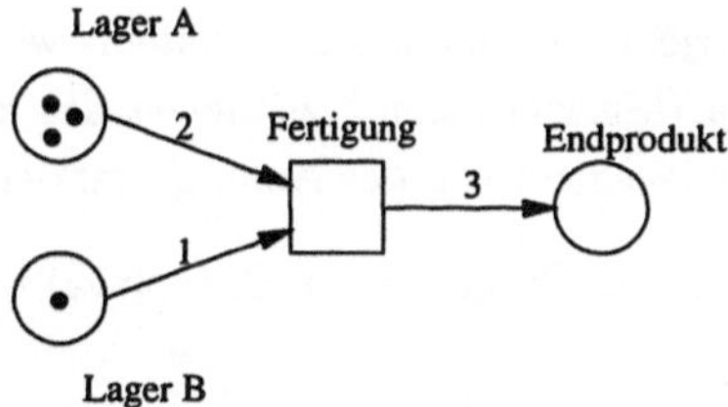

Die Transition *Fertigung* benötigt zwei Materialeinheiten aus Lager A und eine Materialeinheit aus Lager B zur Herstellung von vier Endprodukten. *Fertigung* ist unter der angegebenen Markierung einmal aktiviert, danach liegt folgende Markierung vor:

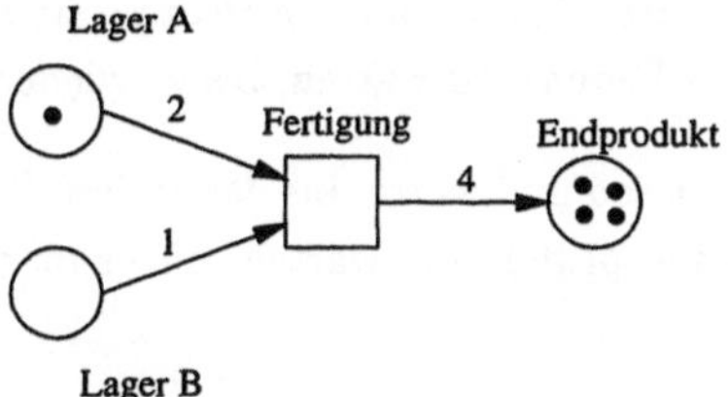

Beispiel 5.7 (Fertigung/Workflow)
Das Beispiel (Abbildung 5.3) zeigt ein S/T-Netz zur Fertigung von Produkten. Diese bestehen aus drei verschiedenen Rohstoffen und werden in 2 Fertigungsschritten produziert. Über einen Schalter wird das zweite Zwischenprodukt immer nach dem ersten produziert. Nach der Endfertigung findet eine Qualitätssicherung statt, die die Produkte sortiert. Schmiermittel wird wieder aufbereitet und zurückgeführt. Dieses Beispiel verdeutlicht, dass Transitionen mit der Durchführung von Aktivitäten identifiziert werden können und Stellen die Auslöser bzw. Zielzustände festhalten. □

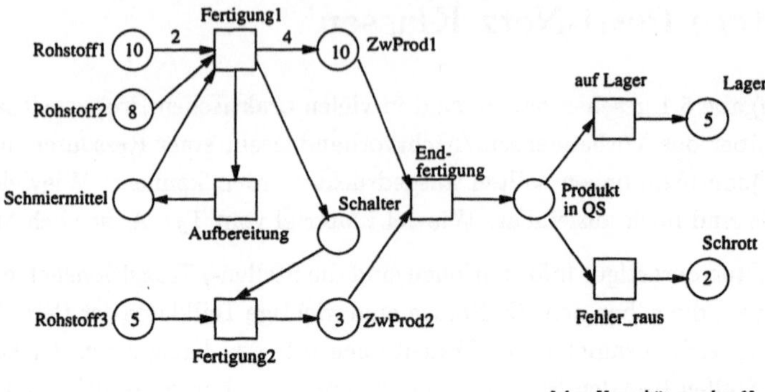

Abbildung 5.3: S/T-Netz zur Fertigung

Auch in S/T-Netzen entspricht ein Zustand des Systems wieder einer Markierung. Erreichbar sind solche Zustände (Markierungen), zu denen das S/T-Netz durch Ausführen einer Folge von Transitionen ausgehend von der Anfangsmarkierung gelangen kann.

Ein Petri-Netz kann leicht in ein Programm (z. B. in Java) übersetzt werden durch:

- Transitionen sind Programm-Abschnitte in nebenläufigen Prozessen (z. B. threads in JAVA oder C++). Anweisungen oder Bedingungen an den Übergängen können natürlich ebenso in der Wirtsprache ausgedrückt werden.

- Die Wirtspache (z. B. JAVA) wird lediglich durch nur zwei neue Anweisungen ergänzt: *sende* Information und *warte*, bis der andere Prozess sie abgeholt hat (d.h. Nachbereich einer Transition markieren und warten, bis er wieder frei wird)

- *versuche*, Information zu lesen und warte, bis der andere Prozess sie gesendet hat (d.h. Vorbereich einer Transition prüfen und warten, bis er markiert wird)

Aufgabe 5.2
Geben Sie ein Petri-Netz an, das den Workflow beim Zahnarztbesuch simuliert. Modelliert werden soll: anmelden und gegebenenfalls warten, behandeln, evtl. neuer Termin, am Ende bezahlen.

Aufgabe 5.3
Erstellen Sie ein Petri-Netz zum gesamten Prüfungsvorgang. Beachten Sie die folgenden Punkte: Student fasst Entschluss, anmelden, kommt (nicht), schreibt, erhält Zensur, Amt prüft Matrikelnummer, erweitert die Liste, Student bekommt Zensur, ...

In einigen Fällen genügt die Ausdrucksmächtigkeit von einfachen S/T-Netzen nicht. Hier helfen höhere Netzklassen. Eine Auswahl sei hier kurz vorgestellt:

Prädikat-Transitions-Netze: Es werden unterscheidbare Marken eingeführt. Damit können die Schaltbedingungen in Abhängigkeit vom Markentyp verfeinert werden. Prädikate an den Kanten definieren passende Schaltbedingungen.

Probabilistische Netze: An den von einer Stelle ausgehenden alternativen Kanten werden Wahrscheinlichkeiten angebracht, mit denen eine der Kanten gewählt wird (Z.B. sei bekannt, dass 2% der Produkte fehlerhaft sind. Dann wird an der ausgehenden Kante der Stelle „Qualitätssicherung" zur Transition „Fehler aussortieren" die Wahrscheinlichkeit 0,02 gesetzt und an der alternativen Kante zur Transition „Auf Lager legen" der Wert 0,98 angebracht).

Zeitbehaftete Netze: Um z. B. Zeitmessungen in Simulationen vorzunehmen, werden Schaltdauern der Transitionen und Verweildauern von Marken auf Stellen festgelegt. Auch möglich sind Intervalle, mit minimalen und maximalen Werten. Damit lassen sich Gesamtdauern von bestimmten Durchläufen (maximale oder minimale) vorherbestimmen. Z. B. wie lange muss die Fahrt vom Kontakt zum roten Signal dauern, damit der Zug dort nicht warten muss, d.h. die Marke muss in welcher Frist im Nachbereich „ankommen"; oder wie lange dauert die Gesamtfertigung von 10 Einheiten maximal?

Hierarchische Netze: Hierarchische Netze bieten nicht höhere Ausdrucksmöglichkeiten. Da S/T-Netze, wie man sich leicht vorstellen kann, schnell sehr komplex werden können, ist es aber hilfreich, Verfeinerungsebenen einzuführen. Dabei werden Unternetze als Stellen oder Transitionen repräsentiert. Damit wird auch ein modularer Top-Down-Entwurf möglich.

5.3 Simulation und Analyse von Petri-Netzen

Bisher haben wir Petri-Netze nur zur Darstellung komplexer verteilter Systeme kennengelernt. Daneben bieten sie aber auch die Möglichkeit zu deren Simulation und Analyse. Es existieren eine Reihe von petrinetzbasierten Werkzeugen, mit denen ein Petri-Netz-Modell erstellt und anschließend in seinem Verhalten durch simulierte Abläufe erprobt werden kann.

Ein Modell ist dann besonders sinnvoll, wenn man mit seiner Hilfe praktisch relevante Aussagen automatisch berechnen kann (z. B. durch ein Analysewerkzeug). Folgende berechenbare Eigenschaften gibt es in S/T-Netzen:

Erreichbarkeit: Gibt es eine Schaltfolge, mit der es möglich ist, einen bestimmten Zustand (d. h. eine bestimmte Markierung der Stelle) zu erreichen, bei geeigneter Auswahl der schaltenden Transitionen (wenn Alternativen gegeben sind)? Beispiel: kann ein Zug über den Übergang fahren und die Schranken sind geöffnet?

Lebendigkeit: Gibt es einen Zustand, von dem eine bestimmte Transition nie mehr schalten kann? Beispiel: die Schranke bleibt immer unten.

Beschränktheit: Welche Obergrenze kann man für die Markenkapazität garantieren? Beispiel: eine Stelle repräsentiert ein Zwischenlager in einer Produktion, dessen maximal benötigte Kapazität abgeschätzt werden muss.

5.4   Beschreibungsmodelle für einfache Abhängigkeitsnetze

In einigen Fällen spielt die Simulation und Analyse von nebenläufigen Prozessen keine Rolle (z. B. im Projektmanagement bei mehreren zeitgleich arbeitenden Teams). Hier werden lediglich durch mehrere kausale Abhängigkeiten Beschränkungen der möglichen zeitlichen Reihenfolgen festgelegt (z. B. : Team 1 darf erst mit Arbeitspaket X anfangen, wenn Team 2 Arbeitspaket Y erledigt hat). Das praktische Vorgehen bei solchen Problemen zeigen wir im Folgenden in zwei Schritten:

1. Schritt: *Kausalplan* (sogenannter *Netzplan*) erstellen;

Die Relation *istVorbedingungFür*: Ergebnis × Ergebnis ordnet einem Arbeitsergebnis ein anderes Arbeitsergebnis zu, das unmittelbare Voraussetzung dafür ist. Die Relation wird als Graph visualisiert. Knoten stellen Ergebnisse oder Vorbedingungen, die gerichteten Kanten stellen die *istVorbedingungFür*-Beziehungen dar. Die Darstellung erfolgt minimal, d.h. ohne transitiv herleitbare Kanten.

Beispiel 5.8 (Netzplan für Datenbankprojekt)
Die Arbeitspakete eines Datenbankprojektes sind in Abbildung 5.4 auf der nächsten Seite dargestellt. Das Ergebnis eines Arbeitspakets kann Vorbedingung für andere Arbeitspakete sein. Die Relation *istVorbedingungFür* wird als Kante dargestellt. □

2. Schritt: *Zeitplan* (sogenannter *Meilensteinplan*, basierend auf Kausalplan), wird erstellt. Hier werden die Knoten des Kausalplans (d.h. Arbeitspakete) über die Zeitachse verteilt, allerdings unter Beachtung der Relation *istVorbedingungFür* in Form der Bedingung:

A *istVorbedingungFür* B $\Rightarrow$ *EndeVon* A *zeitlichVor AnfangVon* B.

Man beachte aber, dass durch die Implikation oben ($\Rightarrow$) die Übertragung des Kausalplans auf den Zeitplan keine linkseindeutige Relation mehr ist. Damit ist aus dem Zeitplan der

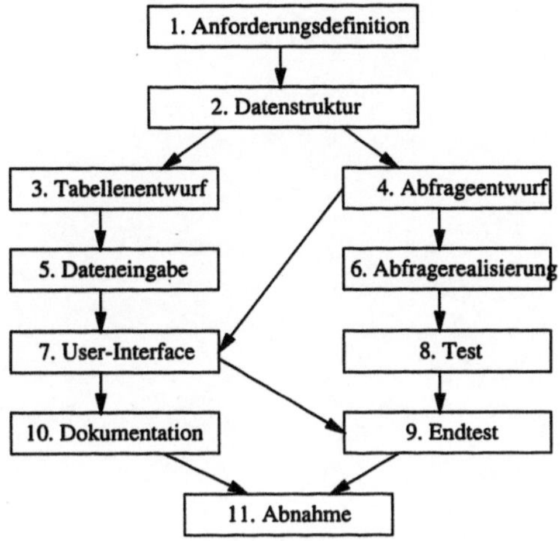

Abbildung 5.4: Netzplan des Datenbankprojekts

Kausalplan nicht mehr rekonstruierbar. Für eine mögliche zeitliche Umplanung sollte man also auch den Kausalplan zur Hand haben. Z. B. muss in unserem DB-Projekt Arbeitspaket 4 evtl. verschoben werden, wenn Arbeitspaket 2 länger dauert.

Beispiel 5.9 (Zeitplan für Datenbankprojekt)
Abbildung 5.5 zeigt einen möglichen Zeitplan des Datenbankprojektes. Beachten Sie, dass die Parallelität des Netzplans verschiedene Zeitpläne zulässt.

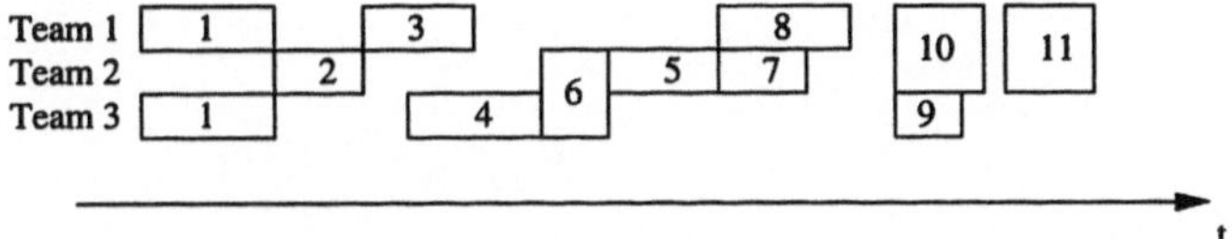

Abbildung 5.5: Ein möglicher Zeitplan für das Datenbankprojekt

Aufgabe 5.4
Machen Sie sich deutlich, warum die Rekonstruktion des Kausalplans aus dem Zeitplan nicht möglich ist. Gilt *EndeVon* A *zeitlichVor AnfangVon* B $\Rightarrow$ A *istVorbedingungFür* B auch? (immer?)

Kapitel 6

Der Algorithmus

In Kapitel 4 haben wir Automaten zunehmender Komplexität, aber auch zunehmender Leistungsfähigkeit kennengelernt. Endliche Automaten erkennen reguläre Sprachen, scheitern aber bereits bei so einfachen „Klammersprachen" wie $a^n b^n$. Der Grund hierfür ist, dass endliche Automaten sich den aktuellen Bearbeitungszustand in *jeweils* einem Zustand des Automaten *merken* müssen. Um die Sprache $a^n b^n$ zu erkennen, muss jedoch die Anzahl der *a*s gezählt und gemerkt werden, um nach dem Zählen der *b*s auf Gleichheit testen zu können. Abhilfe schaffen Automaten mit Speicher für beliebige Werte (z. B. Zähler), dessen Inhalt den Zustand des Automaten bestimmt. Wir haben zunächst Kellerautomaten eingeführt, die auf ihren Speicher nur sehr eingeschränkt, nämlich immer nur auf das oberste Element des Kellers, zugreifen können. Kellerautomaten können die Sprache $a^n b^n$ erkennen, scheitern jedoch an komplizierteren Sprachen. Die dann eingeführten Turing-Maschinen, die einen *wahlfreien* Zugriff (random access) auf den Speicher ermöglichen, sind mächtiger als Kellerautomaten und stellen das allgemeinste Maschinenmodell der Informatik dar.

Turing-Maschinen sind ein sehr wichtiges Hilfsmittel der Informatik, um Berechnungsvorschriften zu beschreiben und insbesondere die Eigenschaften dieser Berechnungsvorschriften zu untersuchen. Einige dieser Eigenschaften, insbesondere die Laufzeiteffizienz von Berechnungsvorschriften werden in Abschnitt 6.5 näher beleuchtet. Für den Praxiseinsatz, insbesondere als Vorstufe zur Programmentwicklung, sind sie jedoch weniger geeignet, da die Beschreibung der Berechnungsvorschrift auf einem sehr niedrigen Niveau stattfindet (gehe einen Schritt nach rechts, schreibe Zeichen, ...). Um Berechnungs- oder besser Verarbeitungsvorschriften zu beschreiben, hat sich daher ein Formalismus durchgesetzt, der zwar ebenfalls aus sehr einfachen Grundprimitiven (wenn ... dann ..., solange ... tue ...) besteht, der aber in seinem Abstraktionsgrad nicht festgelegt ist, d. h. dessen Abstraktionsgrad dem Problem angepasst werden kann. Dieser Formalismus wird *Algorithmus*[1] genannt. Wie

---

[1] Der Begriff Algorithmus ist vom Namen des persich-arabischen Mathematikers Ibn Mûsâ Al-Chwârismî abgeleitet.

wir aus Kapitel 4 wissen, können wir mit solchen abstrakteren Beschreibungsformen nur einfacher, nicht aber mehr Problemlösungen beschreiben.

Man kann z. B. einen Algorithmus zur Multiplikation mehrstelliger Ganzzahlen formulieren (Beispiel 6.1), man kann aber auch bei der Formulierung eines anderen Algorithmus die Multiplikation als bekannt voraussetzen und formulieren: „Schreibe das Ergebis der Multiplikation der Variablen a und b in die Variable c".

Beispiel 6.1

Ein Algorithmus zur Multiplikation mehrstelliger ganzer Zahlen könnte etwa so aussehen:

Schreibe die beiden Faktoren durch „*" getrennt nebeneinander. Ziehe einen Strich. Für jede Ziffer des rechten Faktors multipliziere die Ziffern des linken Faktors von rechts nach links stellenweise. Bei einem Übertrag notiere die Zehnerstelle als kleine Ziffer. Die einzelnen Zeilen stehen unter der jeweils aktuellen Ziffer des rechten Faktors rechtsbündig. Ziehe einen Strich. Summiere die einzelnen Spalten von rechts nach links und beachte einen eventuellen Übertrag.

Dieser Algorithmus ist bereits für Menschen verständlich. Für Maschinen ist er noch zu ungenau formuliert. Welche Anforderungen an eine Algorithmus gestellt werden, werden wir später noch genauer untersuchen. Abbildung 6.1 zeigt die bekannte Darstellung der Ausführung des Algorithmus.

$$
\begin{array}{r}
1\ 6\ 3\ *\ 4\ 5\ 7 \\
\hline
4_2\,4_1\,2 \\
5_3\,0_1\,5 \\
7_4\,2_2\,1 \\
\hline
7\ 4\ 4\ 9\ 1 \\
\end{array}
$$

Abbildung 6.1: Multiplikation gemäß Algorithmus aus Beispiel 6.1

6.1   Eine informelle Einführung

Unter einem Algorithmus versteht man eine Verarbeitungsvorschrift, die so präzise formuliert ist, dass sie von einem mechanisch oder elektronisch arbeitenden Gerät durchgeführt werden kann. Diese für Informatikverhältnisse sehr informelle Definition — wir werden später eine exakte Definition nachliefern — soll uns zunächst für ein paar grundlegende Gedanken über Algorithmen genügen.

Zunächst ist ein Algorithmus also eine Verarbeitungsvorschrift. Eine Verarbeitungsvorschrift baut auf elementaren Operationen auf, die in der gegebenen Detaillierung nicht weiter zerlegt werden (bzw. zerlegt werden sollen, weil sie als bekannt gelten). Beschreiben wir z. B. den Algorithmus zur Multiplikation mehrstelliger Zahlen wie oben geschehen, so setzen wir i. allg. voraus, dass die Multiplikation von Ziffern (das kleine Ein-Mal-Eins) und die Addition als elementare Operationen bekannt sind. Die größte Schwierigkeit in obiger Definition ist die Forderung nach einer präzisen Formulierung. Ein Algorithmus zur Berechnung des größten gemeinsamen Teilers zweier Zahlen in einer Programmiersprache ist eine solch präzise Formulierung, ein Kochrezept oder eine Bedienungsanleitung i. allg. nicht.

Die Forderung nach der Ausführbarkeit auf einem mechanisch oder elektronisch arbeitenden Gerät schließt den Kreis der theoretischen Informatik mit der praktischen und angewandten Informatik. Man kann daraus nämlich schließen, dass *alle* Programme, die auf Computern ausgeführt werden, die Beschreibung von Algorithmen darstellen. Hieran erkennt man die immense Wichtigkeit des Algorithmusbegriffs für die Informatik.

Auch für dieses Buch hat der Algorithmus zentrale Bedeutung. In Kapitel 3 haben wir formale Sprachen und Grammatiken eingeführt. Die Produktionsregeln einer Grammatik geben einen Algorithmus an, mit dem die Sätze einer Sprache erzeugt werden können. Auch für den umgekehrten Fall, nämlich die Entscheidung der Frage, ob ein gewisser Satz zu einer Sprache gehört, also ihren Grammatikregeln gehorcht, können Algorithmen angegeben werden. Im Kapitel 4 haben wir Automaten kennengelernt, die einfache Algorithmen implementieren. Ebenfalls in diesem Kapitel wurde die *Turing-Maschine* eingeführt, ein einfaches mathematisches Maschinenmodell, das *beliebige* Algorithmen *ausführen* kann. Diesem Zusammenhang ist ein eigener Abschnitt (6.4) am Ende dieses Kapitels gewidmet.

6.2 Definition und Eigenschaften von Algorithmen

Wir definieren zunächst, was ein Algorithmus ist und diskutieren dann einige Eigenschaften von Algorithmen.

Definition 6.1
Ein Algorithmus ist eine präzise, eindeutige Angabe eines endlichen, effektiven Verfahrens bzw. einer Verarbeitungsvorschrift.

Unter *präzise* versteht man: *so präzise, dass das Verfahren von einem mechanisch oder elektronisch arbeitenden Gerät verarbeitet werden kann.* Häufig werden Algorithmen jedoch auch benutzt, um anderen Menschen das Verfahren zu erläutern. In diesem Zusammenhang wird die Forderung nach Präzision etwas gelockert, da wir bei Menschen Intelligenz voraussetzen. Wichtig ist in diesem Zusammenhang sicher, dass ein Mensch nach der Erläuterung in der Lage sein muss, den Algorithmus in einer Programmiersprache so zu formulieren, dass er von einem Computer ausgeführt werden kann.

Eindeutig heißt, dass nach jedem Schritt des Verfahrens feststeht, welcher Schritt als nächster zu durchlaufen ist. Wahlmöglichkeiten zwischen verschiedenen Alternativen widersprechen dieser Forderung nicht, solange die Auswahl eindeutig ist.

Die Forderung nach einem *endlichen* Verfahren gilt sowohl für die Beschreibung des Verfahrens selbst, für seine Ausführung und für die von ihm in Anspruch genommenen Ressourcen. Die Forderung nach Endlichkeit nennt man auch *Finitheit*.

Effektiv bedeutet, dass der Algorithmus ein Ergebnis, eine sichtbare Auswirkung hat. Ein Verfahren, das etwas berechnet, dies aber nicht preisgibt, ist also kein Algorithmus.

Ein Beispiel für einen Algorithmus, das man häufig in einführenden Informatikbüchern findet, ist das des größten gemeinsamen Teilers (ggT): Gegeben sind zwei natürliche Zahlen $n, m \in \mathcal{N}$. Gesucht ist die größte Zahl $t \in \mathcal{N}$, die sowohl n als auch m ohne Rest teilt. Diese Zahl t nennt man den größten gemeinsamen Teiler von n und m oder funktional: $t = ggT(n, m)$.

Beispiel 6.2 (Größter gemeinsamer Teiler)
Solange beide Zahlen ungleich 0 sind, subtrahiere die kleiner Zahl von der größeren und weise das Ergebnis der größeren Zahl zu. Wenn diese Schleife endet, ist die größere der beiden Zahlen der größte gemeinsame Teiler der Ursprungszahlen.

Dieser Algorithmus ist nur auf Zahlenpaaren $n, m \in \mathcal{N} \times \mathcal{N}$ definiert, die ungleich $(0, 0)$ sind. Es ist eine ganz wichtige Eigenschaft von Algorithmen, dass sie nur für bestimmte Eingabewerte geeignet sind und für andere Werte keine oder falsche Ergebnisse liefern.

Der zweite Satz des obigen Algorithmus könnte auch den Zusatz haben: ... Wenn diese Schleife endet, ist die größere der beiden Zahlen der größte gemeinsame Teiler der Ursprungszahlen, *die kleinere der beiden Zahlen ist 0*. Dieser Satz ist ebenso korrekt wie der ursprüngliche, liefert aber keine neuen Erkenntnisse für die ggT-Berechnung. Er ist ein gutes Beispiel dafür, dass wir uns bei der Formulierung eines Algorithmus auf das Wesentliche beschränken sollten.

Eine weitere Eigenschaft von Algorithmen ist die *Abstrahierung*. Ein Algorithmus beschreibt immer ein Verfahren zur Lösung einer ganzen Klasse von Problemen, nicht eines individuellen Problems; er abstrahiert also von individuellen Problemen. Der ggT-Algorithmus berechnet für *jedes* Zahlenpaar den größten gemeinsamen Teilen und nicht etwa nur für *ein* Zahlenpaar, z. B. 21 und 27.

Auch die Frage der *Terminierung* eines Algorithmus ist von großem Interesse. Man sagt, ein Algorithmus terminiert, wenn er für jede Eingabe nach endlich vielen Schritten ein Resultat liefert und anhält. Ansonsten heißt er nicht-terminierend.

Aufgabe 6.1

Definieren Sie ein Prädikat *ggt(n, m, t)* als prädikatenlogischen Ausdruck nur mit den bekannten arithmetischen Operatoren und der Gleichheit. Was sind die wichtigsten Unterschiede zur algorithmischen ggt-Definition in Beispiel 6.2?

6.3 Beschreibung von Algorithmen

Wir haben bisher Algorithmen verbal beschrieben. Dies ist auch sehr wichtig, da z. B. innerhalb der Software-Entwicklung im Entwicklungs-Team die einzelnen Team-Mitglieder untereinander Algorithmen kommunizieren, überprüfen oder verbessern müssen. Da die natürliche Sprache aber meist nicht eindeutig ist (siehe Kapitel 2 und 3), haben sich exaktere Formalismen zur Algorithmenbeschreibung durchgesetzt. In diesem Abschnitt lernen wir graphische und textbasierte Beschreibungsformen kennen.

6.3.1 Graphische Beschreibungen

Zur graphischen Beschreibung von Algorithmen werden hauptsächlich Programmablaufpläne (auch (Kontroll-)Flussdiagramm) und Struktogramme verwendet. Für Programmablaufpläne existiert sogar eine Norm (DIN 66001).

Programmablaufpläne ähneln der aus Kapitel 4 bekannten graphischen Notation für Automaten. Es gibt jedoch nicht nur einen Knotentyp, und ein Durchlauf durch den Graphen beschreibt nicht, wie bei einem Automaten, eine Folge von Zuständen, sondern eine Folge von Rechenschritten. Der Programmablaufplan selbst beschreibt alle möglichen solchen Folgen, also den Algorithmus selbst.

Die wichtigsten Knotentypen von Programmablaufplänen sind in Abbildung 6.2 auf der nächsten Seite dargestellt.

Programmablaufpläne haben den Nachteil, dass sie keine eigene Darstellungsform für Schleifen bieten und dass sie auch unstrukturierte Beschreibungen, d. h. Beschreibungen, die nicht den Konzepten der *Strukturierten Programmierung* entsprechen, zulassen, die sogenannten Spaghetti-Strukturen. Struktogramme vermeiden diese beiden Nachteile. Die primitiven Elemente von Struktogrammen sind in Abbildung 6.3 auf der nächsten Seite dargestellt. Komplexe Strukturen werden durch einfaches Zusammensetzen gebildet.

Ein sich in der Software-Entwicklung sehr häufig stellendes Problem ist das des Sortierens von Daten. Es existiert eine Reihe von Sortier-Algorithmen, deren Verhalten bezüglich Platz- und Zeitverbrauch sehr genau untersucht wurde. Ein von den Leistungsdaten sehr

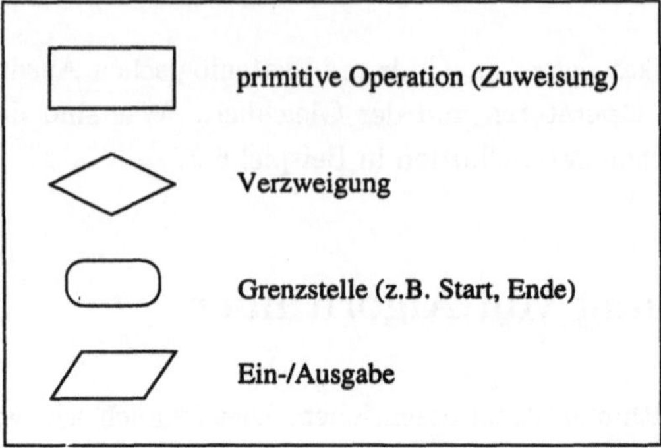

Abbildung 6.2: Knotentypen für Programmablaufpläne

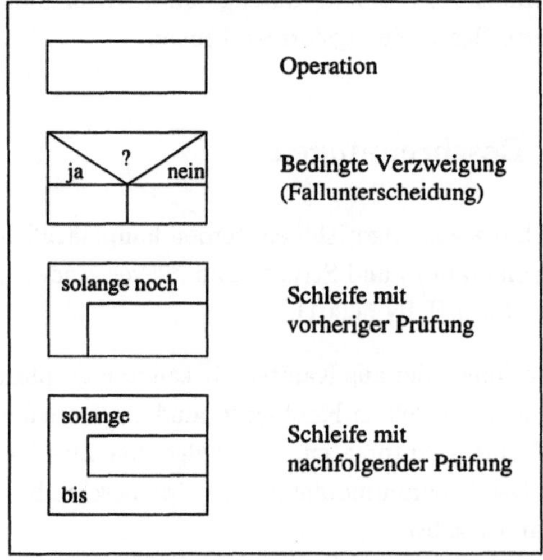

Abbildung 6.3: Struktogrammprimitive

schlechter Sortier-Algorithmus ist der Bubble-Sort. Durch seine Einfachheit eignet er sich aber besonders gut, um Eigenschaften von Algorithmen beispielhaft zu erläutern.

Das Sortierproblem für Zahlen stellt sich folgendermaßen dar: Eine Folge von Zahlen $a = a_1 a_2 \ldots a_n$ heißt *geordnet* genau dann, wenn $a_i \leq a_{i+1}$ für $i = 1, \ldots, n - 1$, d. h. wenn für jedes nebeneinander liegende Zahlenpaar die linke Zahl kleiner oder gleich der rechten Zahl ist.

Beispiel 6.3 (Der Sortier-Algorithmus Bubble-Sort)

Wiederhole n-mal: Durchlaufe die Zahlenfolge von links nach rechts und betrachte jeweils die zwei nebeneinander liegenden Zahlen. Wenn die linke Zahl größer als die rechte Zahl ist, vertausche die beiden Zahlen.

Die Darstellung des Bubble-Sort als Struktogramm zeigt Abbildung 6.4.

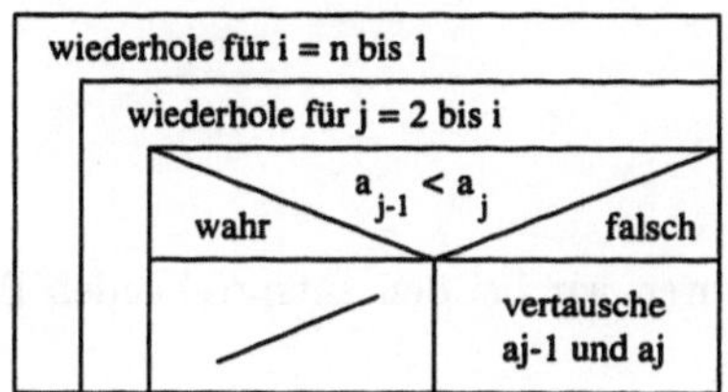

Abbildung 6.4: Bubble-Sort als Struktogramm

6.3.2 Programmiersprachenähnliche Beschreibungen

Neben der graphischen Beschreibung von Algorithmen hat sich insbesondere zur Kommunikation von Algorithmen zwischen Menschen eine Pseudo-Programmiersprachen-Notation herausgebildet. In vielen Lehrbüchern findet man z. B. keine „richtigen" Programme, also Programm-Texte, die ein Computer versteht, sondern Algorithmen in einer programmiersprachen*ähnlichen* Notation, die allerdings schon sehr an reale Programmiersprachen erinnert. Leider sind diese Notationen nicht genormt, so dass jeder Autor eine eigene Schreibweise bevorzugt. Um eine Implementierung mit den sehr häufig verwendeten Programmiersprachen C und Java zu unterstützen, wählen wir eine Notation, die nahe an der Ausdrucksform dieser Sprachen liegt, aber auch Pascal-Anteile besitzt.

Die möglichen Anweisungen (statement) sind im folgenden dargestellt: Eine einfache Zuweisung des Ausdrucks `expression` an die Variable a notieren wir mit a `:= expression`. Dies entspricht den einfachen Kästchen in den Abbildungen 6.2 und 6.3. Eine bedingte Verzweigung notieren wir

```
if( expression) then {
    statement1
} else {
    statement2
}
```

und machen zusätzlich durch Einrücken der Anweisungen die Struktur deutlich. Schleifen formulieren wir mit

```
while (expression) {
    statement
}
```

und

```
for²i := 1 to n {
    statement
}
```

Die weiteren Elemente führen wir bei den entsprechenden Beispielen ein, oder sie sind intuitiv verständlich.

Als Beispiel für unsere Notation wählen wir den Algorithmus zur ggT-Berechnung, den wir in Beispiel 6.2 umgangssprachlich formuliert haben.

Beispiel 6.4 (Größter gemeinsamer Teiler)

```
read(a,b);
if( a<b ) then {
    tmp := a;
    a := b;
    b := tmp;
}
while( not(b==0) ) {
    tmp := b;
    b := a modulo b;
    a := tmp;
}
write(a);
```

Der verwendete Operator == testet die beiden Operanden auf Gleichheit, der Operator modulo berechnet den Rest bei Ganzzahldivision (10 modulo 3 ergibt z. B. 1).

Bemerkung: Der Algorithmus in programmiersprachenähnlicher Notation unterscheidet sich deutlich von der umgangssprachlichen Formulierung in Beispiel 6.2. Warum ist dies so? Nun, die natürliche Sprache ist mehrdeutig und zur Kommunikation zwischen Menschen gedacht. Menschen sind – im Gegensatz zu Computern – intelligent und können

---

[2]Dies ist die von Pascal übernommene for-Syntax. In C und Java muss dies deutlich komplizierter formuliert werden: `for(i=1;i<=n;i++)`

daher Mehrdeutigkeiten und Unvollständigkeiten durch ihr allgemeines „Weltwissen" auflösen, Computer nicht. Wenn wir also Algorithmen formulieren, die (fast) von Computern verstanden werden sollen, müssen wir sehr detailliert formulieren.

Bei der Formulierung für Menschen haben wir etwa von der kleineren und größeren Zahl gesprochen, beim Programmtext müssen wir explizit mit a < b testen. Auch die temporäre Variable tmp im Programmtext ist bei Menschen nicht nötig, da wir uns Zwischenergebnisse einfach „merken" können. Andererseits kenne Computer die Modulo-Funktion, Menschen aber nicht unbedingt.

Aufgabe 6.2
Entwerfen Sie den Programmablaufplan für den Bubble-Sort-Algorithmus.

Aufgabe 6.3
Implementieren Sie den Bubble-Sort-Algorithmus in der Programmiersprachennotation.

Aufgabe 6.4
Entwerfen Sie den Programmablaufplan und das Struktogramm für den ggT-Algorithmus.

Aufgabe 6.5
Schreiben Sie ein Programm, das verifiziert, ob die Aussage von Beispiel 2.9 auf Seite 20 (es gibt eine Primzahl zwischen 1 und 10) korrekt ist. Sie können das einstellige Prädikat istPrimzahl, d. h. eine Funktion mit Boole'schem Rückgabewert benutzen.

6.4 Algorithmen und Turing-Maschinen

Wir haben bereits angedeutet, dass Algorithmen und Turing-Maschinen „in etwa dasselbe sind". Diese vage und schwammige Aussage wollen wir nun genauer betrachten.

Ein Algorithmus ist eine Verarbeitungsvorschrift. Es wird also *etwas* verarbeitet. Unsere Anforderungen an einen Algorithmus enthalten die Eigenschaft, effektiv zu sein, also *etwas* zu berechnen. Die Überführung einer Eingabe in eine Ausgabe ist aber gerade das, was eine Funktion $f : E \rightarrow A$ leistet. Unter einer *berechenbaren Funktion* verstehen wir eine Funktion $f : E \rightarrow A$, für die es einen Algorithmus gibt, der für jeden Eingabewert $e \in E$, für den $f(e)$ definiert ist, nach endlich vielen Schritten anhält und als Ergebnis $f(e)$ liefert. Falls $f(e)$ nicht definiert ist, bricht der Algorithmus nicht ab. Man bezeichnet diesen Berechenbarkeitsbegriff auch als *intuitive Berechenbarkeit*, da er nicht mathematisch exakt ist, sondern auf der informellen, intuitiven Definition eines Algorithmus basiert. Beachten

Sie, dass diese Definition nicht konstruktiv ist. Wir müssen den Algorithmus nicht angeben, wir fordern nur, dass es ihn gibt.

Beispiele für berechenbare Funktionen sind leicht zu finden. Alle mathematischen Operationen, die wir Menschen „rechnen" sind selbstverständlich berechenbar, auch die in Beispiel 6.4 angegebene Funktion zur Berechnung des größten gemeinsamen Teilers zweier Zahlen. Wenn wir uns etwas von einfachen mathematischen Berechnungen entfernen, ist auch die Funktion, die für eine Folge $a_1 a_2 \ldots a_n$ von Zahlen eine Permutation dieser Folge berechnet, deren Elemente aufsteigend geordnet sind, berechenbar. Für diese Funktion haben wir sogar einen Algorithmus, den Bubble-Sort, angegeben.

Beispiele für nicht berechenbare Funktionen gibt es zwar auch reichlich, jedoch sind sie etwas komplizierter – so kompliziert, dass sie eben nicht berechenbar sind! Wir definieren das *Halteproblem* folgendermaßen: Gegeben eine Funktion, die als Eingabe einen Algorithmus A und eine Eingabe e für diesen Algorithmus nimmt, und die, falls der Algorithmus A auf die Eingabe e angesetzt wird und nach endlich vielen Schritten anhält, mit *wahr* antwortet, ansonsten mit *falsch*. Dieses Halteproblem ist nicht berechenbar. Die Aussage ist nicht, dass man nicht für einen bestimmten Algorithmus entscheiden kann, ob dieser anhält, sondern dass es unmöglich ist einen Algorithmus anzugeben, der diesen Test für beliebige andere Algorithmen durchführt.

Ein weiteres Beispiel für eine nicht berechenbare Funktion ist das sogenannte *Äquivalenzproblem*: Es gibt keine Funktion (und damit keinen Algorithmus), die als Eingabe zwei Algorithmen bekommt und entscheidet, ob die beiden Algorithmen dasselbe leisten, d. h. dasselbe Ein-/Ausgabeverhalten zeigen.

Jede Funktion ist entweder berechenbar oder nicht. Wir wissen dies aber nicht von jeder Funktion. So ist etwa die Funktion, die einer Ziffernfolge den Wert *wahr* zuordnet, wenn diese Ziffernfolge in der Dezimalbruchentwicklung der Zahl π vorkommt und ansonsten *falsch* liefert, möglicherweise nicht berechenbar. Unser Wissen über die Zahl π reicht im Augenblick jedoch nicht aus, dies zu entscheiden.

Turing-Maschinen sind ein mathematisch exaktes Modell zur Überführung von Bandinschriften (d. h. Zeichenfolgen) in andere Bandinschriften, stellen also ebenfalls eine Berechnungsfunktion $f_T : E \to A$, die für eine Eingabe eine Ausgabe berechnet, dar. Man nennt die Funktionen, die durch Turing-Maschinen berechenbar sind, *Turing-berechenbar*, den Berechenbarkeitsbegriff *Turing-Berechenbarkeit*.

Es stellt sich nun die Frage, in welchem Zusammenhang die intuitive Berechenbarkeit und die Turing-Berechenbarkeit stehen. Bereits 1936 formulierte Church die Vermutung, dass die beiden Berechenbarkeitsbegriffe gleich mächtig sind, d. h. dass es für eine intuitiv berechenbare Funktion eine Turing-Maschine gibt, die genau diese Funktion berechnet und umgekehrt, dass jede Turing-Maschine eine solche berechenbare Funktion berechnet. Da der intuitive Berechenbarkeitsbegriff nicht formal definiert ist, lässt sich kein Beweis dieser Aussage herleiten. Da die Aussage bisher aber auch nicht widerlegt werden konnte und allgemein anerkannt wird, ist sie unter dem Namen *Church'sche These* eine ganz zentrale Aussage der Informatik.

Die vorgestellten theoretischen Erkenntnisse haben eine Reihe von Auswirkungen auf die praktische Informatik. Da die intuitive Berechenbarkeit und damit Algorithmen und die Turing-Berechenbarkeit die gleiche Klasse von Problemen beschreiben, liest man bzw. hört man in Unterhaltungen von Informatikern Aussagen der Art „Es gibt eine/keine Turing-Maschine, die ..." und „Es gibt einen/keinen Algorithmus, der ..." und „...ist berechenbar/nicht berechenbar". Diese Aussagen sind völlig äquivalent. Die Nichtexistenz eines Algorithmus zur Lösung eines bestimmten Problems ist eine für Laien sehr überraschende Tatsache. Die vorherrschende Meinung in der Öffentlichkeit ist „Computer können alles" (wenn man ihnen genügend Zeit und Hauptspeicher gibt). Dies ist nicht so! Nicht berechenbare Funktionen können natürlich auch auf einem Computer nicht berechnet werden.

Die so künstlich erscheinenden Beispiele für nicht berechenbare Funktionen, wie das Halteproblem und das Äquivalenzproblem, haben äußerst reale Auswirkungen. Da es keinen Algorithmus geben kann, der für jeden beliebigen anderen Algorithmus feststellt, ob dieser terminiert oder unendlich weiter läuft, kann z. B. ein Betriebssystem einem Programm nicht ansehen, ob dieses terminieren wird oder unendlich weiter läuft. Für das Äquivalenzproblem ergibt sich die praktische Aussage, dass ein Informatik-Professor kein Programm schreiben kann, das die Programmierungshausarbeit eines Studenten mit der Musterlösung auf Gleichheit testet.

Aufgabe 6.6 (Busy Beaver)
Das Problem der fleissigen Biber (engl. busy beaver) hat auf den ersten Blick mit dem Halteproblem nichts zu tun. Das Problem stellt sich folgendermaßen dar: Wenn eine Turing-Maschine mit n Zuständen ihre Arbeit auf einem Band beginnt, das nur Nullen enthält, wie viele Einsen kann sie dann auf das Band schreiben, bevor sie schließlich anhält? Auf den zweiten Blick stellt sich der Zusammenhang zum Halteproblem derart dar, dass ein Algorithmus erkennen müsste, dass sich eine Turing-Maschine (oder ein Algorithmus/Programm) in einer Endlosschleife befindet, die sie nicht mehr verlassen kann. Die Kunst einer Busy-Beaver-Turing-Maschine besteht nun gerade darin, mit einer vorgegebenen Anzahl von Zuständen Einsen auf das Band zu schreiben *ohne* in eine Endlosschleife zu kommen und damit „mit möglichst wenig Zuständen möglichst viel zu tun".

Ihre Aufgabe ist es, fleissige Biber mit 1, 2, 3 und 4 Zuständen anzugeben. Sie können es auch mit mehr Zuständen versuchen und würden dann sogar ein noch offenes Problem der Informatik lösen, da nicht bekannt ist, wie ein fleissiger Biber für 5 und mehr Zustände aussieht.

6.5 Komplexität von Algorithmen

Sie haben sicher schon die Erfahrung gemacht, dass manche Programme (Algorithmen)
schneller Ergebnisse liefern als andere. Das schnellere Programm löst ein „einfaches" Pro-
blem, das langsamere ein „schwieriges". Solche Aussagen lassen sich auch exakt formulieren.
Dazu wird die „Schwierigkeit" eines Problems auf eine natürliche Zahl abgebildet und die
Laufzeit des Algorithmus zur Lösung des Problems als Funktion über dieser Zahl angegeben.
Wir wollen dies im Folgenden informell tun.

Gegeben sei ein Algorithmus. Als durchgehendes Beispiel wählen wir den Sortieral-
gorithmus Bubble-Sort aus Beispiel 6.3. Für verschiedene Eingaben (Folgen von Zahlen)
benötigt der Algorithmus verschieden viele Arbeitsschritte. Wenn das Vertauschen zweier
nebeneinander liegender Zahlen der eigentliche Arbeitsschritt sein soll, so benötigt der Algorithmus auf einer bereits sortierten Folge 0 Vertauschungen. Eine Funktion $g : \mathcal{N} \to \mathcal{N}$,
die der Folgen*länge* die benötigt Anzahl von Vertauschungen zuordnet, würde also $g(n) = 0$
für alle n liefern. Auf einer umgekehrt sortierten Folge benötigt der Algorithmus im ersten Durchlauf $n - 1$ Vertauschungen, im zweiten $n - 2$ Vertauschungen, im dritten $n - 3$
Vertauschungen usw. Diese arithmetische Summe ergibt also $\frac{n(n-1)}{2}$ Vertauschungen. Wir
sprechen von einem besten Fall (best case) und einem schlechtesten Fall (worst case). Auch
der durchschnittliche Fall (average case) wird manchmal betrachtet.

Ein Teilgebiet der theoretischen Informatik, die *Komplexitätstheorie*, beschäftigt sich mit
solchen Komplexitätsfragen. Mit unserer informellen Definition eines Algorithmus kann man
jedoch nur unzulängliche Angaben über die Komplexität machen. Wie ist etwa der Einfluss
der Vertauschfunktion auf die Bubble-Sort-Komplexität? Wie viele Schritte benötigt der
Aufruf, wie viele Schritte die Ausführung der Vertauschfunktion? Um exakte Aussagen zu
bekommen, ist die Grundlage der Komplexitätstheorie die Turing-Maschine, was durch die
Church'sche These gerechtfertigt ist. Man abstrahiert damit von Implementierungsdetails
eines Algorithmus und dessen Ausführung auf einem Computer und kann mit Hilfe einer
Turing-Maschine exakte Aussagen über die Komplexität machen. Eine weitere Abstraktion
ist die Konzentration auf den die Komplexität wesentlich bestimmenden Anteil. Die obige
Komplexität von $\frac{n(n-1)}{2} = \frac{n^2}{2} - \frac{n}{2}$ ist demnach n^2, da der Faktor $\frac{1}{2}$ und der Subtrahend $\frac{n}{2}$ den
Ausdruck für große n nur unwesentlich beeinflussen. Man nennt dies auch die *Ordnung* und
schreibt in der sogenannten *O-Notation*: „Die (worst case) Komplexität von Bubble-Sort ist
$O(n^2)$".

In der Praxis ist neben der Komplexität eines Algorithmus die Komplexität eines Pro-
blems/einer Aufgabe von großem Interesse. Diese ist definiert als das Minimum der Kom-
plexitäten aller Algorithmen, die dieses Problem/diese Aufgabe lösen. Die Aufgabe des
Sortierens einer Folge von n Zahlen ist etwa von der Komplexität $O(n \log n)$, unser Bubble-
Sort ist also mit $O(n^2)$ nicht besonders schnell.

In der Informatik gibt es viele ähnliche Probleme, die zu Problemklassen zusammengefasst werden können[3] und deren zugrundeliegenden Lösungsalgorithmen bekannt sind. Sehr ausführlich untersuchte Problemklassen sind etwa das Suchen und Sortieren, das Parsen von Datensätzen und das Durchlaufen von Netzen auf der Suche nach optimalen Wegen. Für diese Problemklassen sind untere Schranken für die das Problem lösende Algorithmen bekannt, wie etwa $O(n \log n)$ für das Sortieren einer Folge der Länge n. Wenn Sie in der Software-Entwicklung auf ein Problem dieser Klassen treffen und einen Algorithmus mit deutlich höherer Laufzeit wählen, sollten Sie dafür eine gute Begründung haben.

Neben der eingeführten *Laufzeit*komplexität ist auch die *Platz*komplexität eines Algorithmus/Turingmaschine von Interesse. Dies ist der Speicherplatz, den eine Turingmaschine zur Abarbeitung einer Eingabe der Länge n benötigt. Auch hier wird die (worst case) Komplexität mit der O-Notation angegeben. Wie in vielen Bereichen der Informatik gibt es einen Trade-Off: Algorithmen, die sehr schnell sind, benötigen meist mehr Platz als langsamere Algorithmen, umgekehrt benötigen Algorithmen, die sehr effizient mit dem Speicherplatz umgehen, eine höhere Laufzeit.

Aufgabe 6.7 (Turingmaschine versus Computer)
Turingmaschinen sind formale Maschinen, Algorithmen mehr oder weniger formale Verfahren, die auf *realen* Computern mittels Programmen ausgeführt werden. Da wir den Algorithmenbegriff mit einem Turingprogramm gleichsetzten, bedeutet dies, dass Computer und Turingmaschinen äquivalent sind? Diskutieren Sie dies und beachten Sie die Platzkomplexität.

---

[3]Wieder einmal Äquivalenzklassen!

In diesem Kapitel geht es viel um alltägliche Probleme. Die meisten Probleme, die man programmieren muss, und deren zugrundeliegenden Lösungsalgorithmen begründet sind. Selbstverständlich interessante Problemklassen sind etwa das Suchen und Sortieren, das Fügen von Datensätzen und das Durchlaufen von Bäumen auf der Suche nach optimalen Wegen. Zur Lösung dieser Probleme sind immer wieder Verfahren für die eine oder andere Algorithmenklasse, wie sie z.B. (linear) für das Sortieren gelten, das Fügen ... Wenn Sie für das Softwareentwicklung ein Problem dieser Klasse treffen und einen Algorithmus mit ähnlich höherer Laufzeit zählen, können Sie auf die gute Information hoffen.

Neben der oberflächlich betrachteten wollen wir auch die Plankomplexität eines Algorithmus, im engeren Sinne von Ihnen. Da man die Speicherplatz oder eine Laufzeitanalyse zur Abschätzung einer Klasse der Laufzeit benötigt. Auch hier wird die (wenn man) Komplexität mit der O-Notation angegeben. Wie häufig man Ihnen von der Information gibt es einen Grad für Algorithmen, die wir wissen sind (und deren wichtigsten Maße), nicht. Was die längeren Algorithmen, angegeben hat, sind Algorithmen, die sehr einfach mit dem Schreibplatz angeben, eine isolierte Funktion.

Aufgabe 4.7 (Turingmaschine versus Computer)

Das gleiche können wir auf die Frage stellen. Algorithmen sind eher weniger komplexe Verfahren, um die reale Computer in reellen Programmieren zu erfüllen sucht. Da aus den Ergebnissen besteht mit einem künstlichen Algorithmus zu betrachten. Bei einem Computer und Turingmaschine äquivalent sind? Das ist, dass sie sind so äquivalent wie die die Platzkomplexität.

Kapitel 7

Lösungen

An dieser Stelle sollen für die meisten Aufgaben Lösungen oder Hinweise angegeben werden.

Kapitel 2

Lösung 2.3:

Die **Anweisung2** wird ausgeführt, wenn die **while**-Bedingung wahr und die **if**-Bedingung falsch ist, also falls

$$\neg A \wedge \neg(\neg B \vee A)$$

wahr ist. Dies lässt sich mit deMorgan vereinfachen zu

$$\neg A \wedge (B \wedge \neg A)$$

und weiter zu

$$\neg A \wedge B$$

Lösung 2.4:

Sie können z. B. über eine Wahrheitstafel zeigen, dass

$$A \, XOR \, B \Leftrightarrow (A \wedge \neg B) \vee (\neg A \wedge B)$$

Lösung 2.5:

Sei T $=$ *Temperatur hoch*, H $=$ *Motor heiß*, R $=$ *Rote Lampe an*. Bekannt ist: $(T \Rightarrow H) \land (R \Leftrightarrow T)$. Kann man daraus folgern: $(R \Rightarrow H)$? Mann stellt also für den Nachweis der Allgemeingültigkeit von

$$(T \Rightarrow H) \land (R \Leftrightarrow T) \Rightarrow (R \Rightarrow H)$$

die Wahrheitstafel auf und sieht, dass die Folgerung in der Tat immer gültig ist!

Lösung 2.6:

1. Sei J die Menge der Japaner. $\forall j \in J :$ sprechen$(j, Japanisch)$

3. $M = \{p \in Personen \mid mitNamen(p, \text{„Bernd“}) \land älter(p, 30)\}$

4. Sei D Menge der Datenübertragungen, P Menge der Protokolldateien.
$\forall d \in D \exists p \in P : mitDatum(d, dat1) \land mitDatum(p, dat2) \land dat1 = dat2$

5. $\forall d \in D : mitFehler(d) \Rightarrow \exists p \in P : mitDatum(d, dat1) \land mitDatum(p, dat2) \land dat1 = dat2$

6. $\forall t \in Tiere : \neg sprechen(t)$

7. $\exists p_1 \in P \forall p_2 \in P : kann\_ändern(p_1, p_2)$

8. $\forall l \in Lieferant \exists p \in Produkt : liefert(l, p)$

10. Sei W Menge der Web-Seiten.
$\forall w_1, w_2, w_3 \in W : verlinkt(w_1, w_2) \land verlinkt(w_2, w_3) \Rightarrow kannerreichen(w_1, w_3)$

Lösung 2.7:

Tip: $\{(2, 4), (2, 6), \dots, (2, 14), (3, 9), \dots, (3, 15), \dots\}$

Lösung 2.8:

$\{(t, z) \mid t \in \{1, \dots, 10\} \land z \in \{1, \dots, 15\} \land \exists n \in \mathcal{N} : t * n = z \land t \neq 1 \land t \neq z\}$

Lösung 2.9:

Nein, $3 \notin \{5, \dots, 15\}$

Lösung 2.10:

Beispiel für 6.

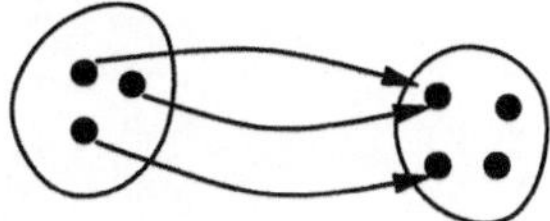

linkstotal und rechtseindeutig,
aber z.B. nicht linkseindeutig.

Lösung 2.12:

Tip: Überprüfen Sie die am Anfang von Abschnitt 2.3.2 genannten Beziehungen.

Lösung 2.13:

Die Relation ist zwar reflexiv und symmetrisch, aber nicht transitiv. Gegenbeispiel: (8,6), (6,9) aber nicht (8,9).

Lösung 2.14:

Tip: Ähnlichkeitsrelation z. B. nach Spielmechanismus (Stategie, Action, Quiz, ...) oder Platform (PC, Konsole, Handheld, ...).

Kapitel 3

Lösung 3.1:

$$I(b = 0 \wedge a \text{ istVielfachesVon } 2)(z) = I(b = 0)(z) \wedge I(a \text{ istVielfachesVon } 2)(z)$$

$$I(b = 0)(z) = \begin{cases} \text{wahr,} & \text{falls } b = 0 \\ \text{falsch,} & \text{sonst} \end{cases}$$

$$I(a \text{ istVielfachesVon } 2)(z) = \begin{cases} \text{wahr,} & \text{falls } \exists n \in \mathcal{N} : 2 * n = a \\ \text{falsch,} & \text{sonst} \end{cases}$$

beide Aussagen sind wahr, also auch die Gesamtaussage.

Lösung 3.2:

Sei z die Menge aller Paare (Variable, WertDerVariable).

$I_{den}(\text{a } := \text{ a+2})(z) = z \setminus \{(a, wert)\} \cup \{(a, wert + 2)\}$

Sei A eine Speicherzelle.

$$I_{op}(\text{a } := \text{ a+2}) = \begin{array}{l} \text{load(a)} \\ \text{add(2)} \\ \text{store(a)} \end{array}$$

Lösung 3.3:

Dualzahlen: Ist ein Folge von 1en und 0en, wobie die erste Ziffer als Vorzeichen interpretiert wird.

Reelle Zahl: Ist eine Dezimalzahl, die von einem Komma und einer Zifferfolge ohne endende Nullen gefolgt werden kann.

Lösung 3.4:

Tip: Einer- oder Zweier-Komplement mit unterschiedlicher Interpretation der ersten (Vorzeichen-)Stelle.

Lösung 3.5:

Wir erweitert P um $A \rightarrow -T$ und $A \rightarrow +T$

Lösung 3.6:

Tip: neue „Singular-Nichtterminalzeichen":

Satz	$\longrightarrow$	Subjekt$_s$ Prädikat$_s$ Objekt.
Artikel$_s$	$\longrightarrow$	der
Subjekt$_s$	$\longrightarrow$	Artikel$_s$ Substantiv$_s$
Substantiv$_s$	$\longrightarrow$	Dozent
Prädikat$_s$	$\longrightarrow$	prüft

Lösung 3.8:

Tip: Die drei Ausdrücke in den `for`-Klammern können leer sein.

Lösung 3.9:

```
switch (a+b*2) {
  case 5: x = 4;
  case 6: y = 3;
 }
```

Lösung 3.10:

$$
\begin{array}{lcl}
\textit{Datensatz} & = & (\textit{A1} \mid \textit{A2}) \\
\textit{A1} & = & \textit{Zahl Daten1} \\
\textit{Daten1} & = & (\textit{Zahl Zahl W Daten1 Zeile} \mid \epsilon) \\
\textit{A2} & = & (\textit{Zahl \# Zahl W Zeile A2} \mid \epsilon) \\
\textit{W} & = & (\text{DM} \mid \pounds \mid \$) \\
\textit{Zeile} & = & (\textit{Wort Zeile} \mid \textit{Zeilenende})
\end{array}
$$

Kapitel 4

Lösung 4.1:

Die Lösung für 3-fach-geklammerte as:

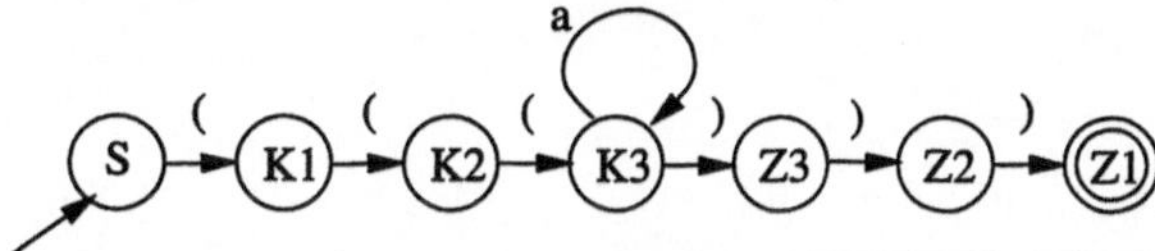

Für n Klammerpaare entsprechend Zustände $K_1 \ldots K_n$ und $Z_1 \ldots Z_n$. Es ist jedoch *nicht* möglich, einen Automaten anzugeben, der für beliebiges n die Klammerung überprüft!

Lösung 4.2:

```
while ("e gelesen"){
    if e == e0 then
        if z == z0 then
            z = z1;
    else if e == e1 then
        if z == z4 then
            z = z1;
    else ...
```

Lösung 4.3:

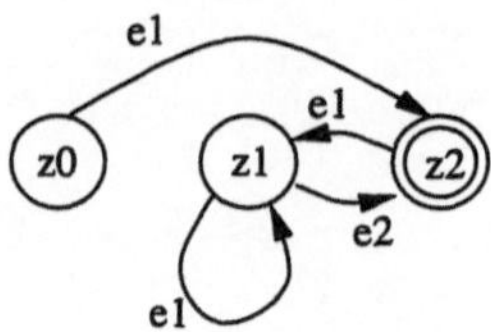

Lösung 4.4:

Sehr vereinfacht z. B. so:

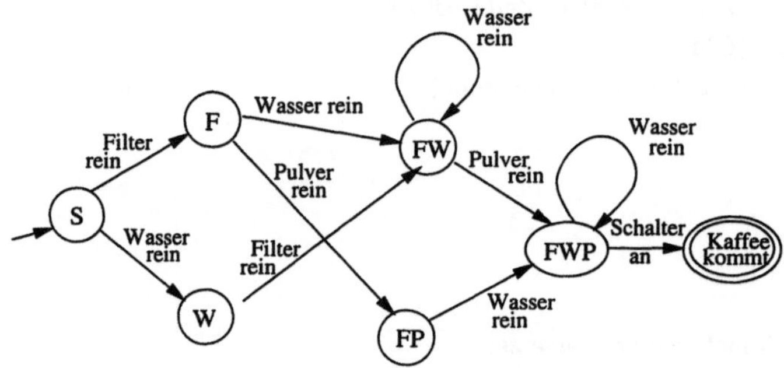

Lösung 4.5:

	z_0	z_1
e_0	$\{z_0, z_1\}$	-
e_1	-	-

Lösung 4.6:

Wenn a, b und c reguläre Ausdrücke sind, dann muss die Gleichheit gelten für $a(a + b) = ab + ac$. Tip: Machen Sie sich die Gleichheit an den zugehörigen Automaten klar.

Lösung 4.7:

Aktionsfolgen am Radio: (on off)* on tune (vol)* off

Lösung 4.9:

In der letzten Alternative kann $(b + ab)$ mit $(a + b + \epsilon)$ ohne weitere Zwischenschritte verbunden werden. Darin enthalten ist das Wort $b(+\epsilon)$.

Lösung 4.10:

1.)

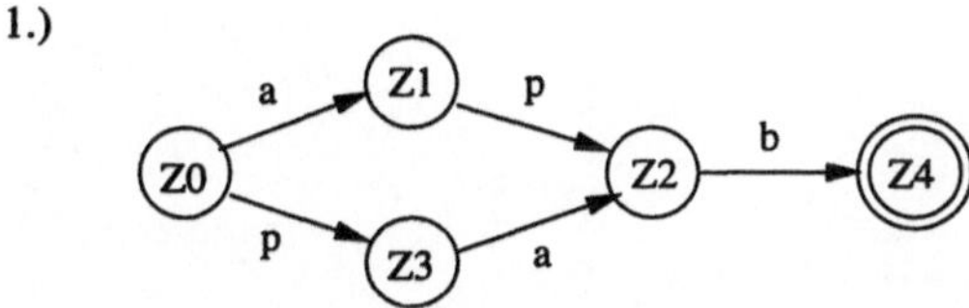

usw

Lösung 4.11:

Es gibt einen Zustand z und eine Eingabe e, für die es mehrere Folgezustände gibt. Der Automat ist also nichtdeterministisch.

Lösung 4.15:

Tip: Kellern Sie in der eingelesenen Reihenfolge die Symbole und gegen Sie sie anschließend aus. Ein Keller arbeitet nach dem Prinzip Last-In, First-Out (LIFO).

Lösung 4.16:

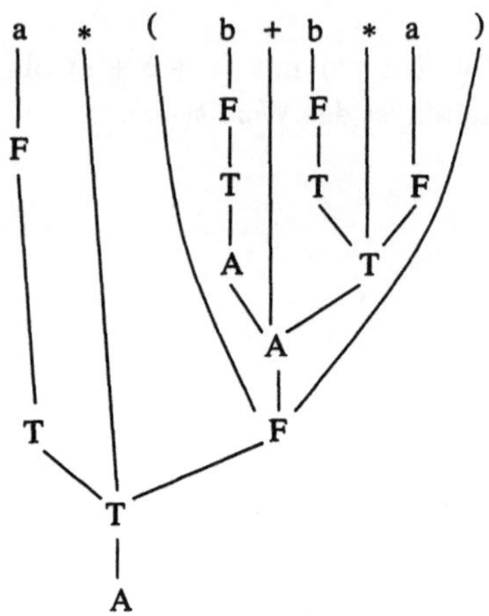

Lösung 4.12:

Die Zustandsübergangsmatrix des Studententamagotchi.

	(g, f)	(g, k)	(l, f)	(l, k)
feiern	—	—	(g, k)	(g, k)
büffeln	(l, f)	(l, k)	—	(l, k)
schlafen	—	(g, f)	(g, f)	(g, k)

Ein Satz ist (mit Start in (l,k) und Ende in (g,f)): f b f b f s.

Kapitel 5

Lösung 5.2

Das vorgestellte Netz ist nur *eine* Lösung von vielen:

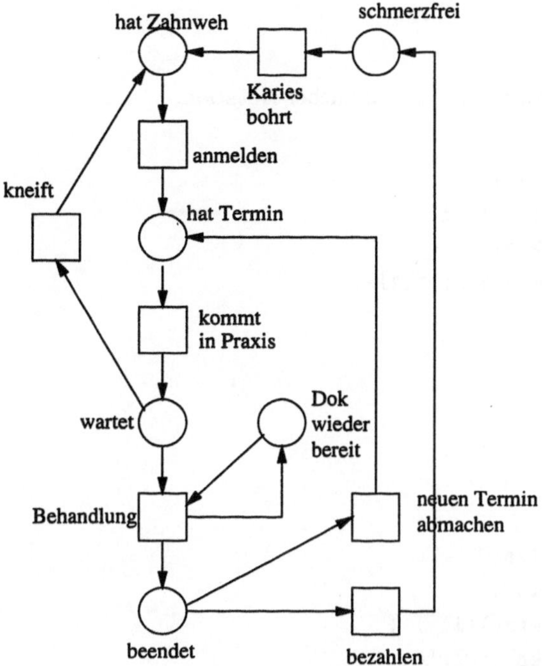

Lösung 5.4

Nach dem Satz der Kontraposition (siehe Abbildung 2.3 auf Seite 18) können wir nur wissen:
nicht A ist *zeitlichVor* B $\Rightarrow$ nicht A *istVorbedingungFür* B, mehr nicht.

Kapitel 6

Lösung 6.1:

In dieser Aufgabe spiegelt sich noch einmal das zentrale Anliegen des Buches. Zum einen die
Frage „was ist zu tun?" zum anderen die Frage „wie ist es zu tun?". Der prädikatenlogische
Ausdruck

$$ggt = \{(n, m, t) \in \mathcal{N} \times \mathcal{N} \times N \mid \exists i, j \in \mathcal{N} : (i * t = n \land j * t = m) \land \neg\exists k \in \mathcal{N} : (k * t = n \lor k * t = m) \land k > t\}$$

beschreibt die Menge aller Zahlentripel n, m, t, für die t Teiler von n und m ist und kein
größerer Teiler als t existiert.

Der Algorithmus beschreibt, *wie* diese Zahl *zu berechnen* ist!

Lösung 6.3:

Der Bubble-Sort-Algorithmus in C-ähnlicher Notation.

```
for (i=n; i>1; i--) {
  for (j=2; j<i; j++) {
    if (a[j-1] > a[j]) {
      vertausche(a[j-1],a[j]);
    }
  }
}
```

Lösung 6.5:

```
gefunden := false;
for i := 1 to 10 {
    if( istPrimzahl(i) ) {
        gefunden := true;
    }
}
if( gefunden ) then {
    write("es gibt eine Primzahl zwischen 1 und 10");
} else {
    write("es gibt keine Primzahl zwischen 1 und 10");
}
```

Lösung 6.6:

Der fleissige Biber mit einem Zustand schafft es, nur eine Eins zu schreiben. Die fleissigen Biber mit 2, 3 und 4 Zuständen können 4, 6 und 13 Einsen schreiben. Wir geben den fleissigen Biber mit drei Zustanden[1] an:

	0	1
z_0	$(z_1,1,R)$	$(z_2,1,L)$
z_1	$(z_0,1,L)$	$(z_1,1,R)$
z_2	$(z_1,1,L)$	(z_2,z_e,N)

---

[1]Der Endzustand wird bei fleissigen Bibern nicht mitgezählt.

1983 wurde ein 5-Zustands-Biber beschrieben, der 501 Einsen schreibt, 1989 einer, der 4098 Einsen schreibt. Wir wissen bis heute nicht, ob dies der fleissige Biber ist. Sicher ist nur, dass die Funktion $\Sigma : \mathcal{N} \to \mathcal{N}$, die für n Zustände die Anzahl $\Sigma(n)$ der Einsen des fleissigen Bibers mit n Zuständen berechnet sehr schnell wächst, schneller als jede berechenbare Funktion!

Lösung 6.7:

Bei der Laufzeitkomplexität verhalten sich Turingmaschinen und Computer gleich, da Zeit eine „unendlich verfügbare" Ressource ist. Bei der Platzkomplexität sind Turingmaschinen im Vorteil, da sie ein unendlich langes Band besitzen, Computer aber nur endlich vielen Hauptspeicher. Auch der virtuelle Speicher eines Computers ist endlich. Turingmaschinen können also wirklich alle berechenbaren Funktionen berechnen, Computer scheitern an den berechenbaren Funktionen, die mehr Speicher benötigen als zur Verfügung steht.

Literaturverzeichnis

[ASU99] Alfred V. Aho, Ravi Sethi, and Jeffrey D. Ullman. *Compilerbau I + II*. Oldenbourg, 1999.

[CM85] E. Charniak and D. McDermott. *Introduction to Artificial Intelligence, Kapitel 7.4: Reasoning Involving Time*. Addison-Wesley, 1985.

[Dit96] Dittmer. *Konstruktion guter Algorithmen*. Teubner, 1996.

[GN82] M. Genesereth and N. Nilsson. *Logical Foundations of Artificial Intelligence, Kapitel 6: Non-Monotonic Reasoning*. Morgan Kaufmann, 1982.

[Hof86] Douglas R. Hofstadter. *Gödel, Escher, Bach ein endlos geflochtenes Band*. DTV, München, 1986.

[HU94] John E. Hopcroft and Jeffrey D. Ullman. *Einführung in die Automatentheorie, Formale Sprachen und Komplexitätstheorie*. Oldenbourg, München, 1994.

[HW92] Bernhard Heinemann and Klaus Weihrauch. *Logik für Informatiker*. Teubner, Stuttgart, 1992.

[KK93] Peter Kandzia and Hans-Joachim Klein. *Theoretische Grundlagen relationaler Datenbanksysteme*. Spektrum Akademischer Verlag, Heidelberg, 1993.

[Sch92] Uwe Schöning. *Theoretische Informatik — kurzgefaßt*. Spektrum Akademischer Verlag, Heidelberg, 1992.

[SSH95] Sander, Stucky, and Herschel. *Automaten, Sprachen, Berechenbarkeit*. Teubner, 1995.

Sachverzeichnis

Fett gedruckte Seitenzahlen verweisen auf Stellen, an denen der zugehörige Begriff oder Name eingeführt, erläutert oder definiert wird. Normal gedruckte Seitenzahlen zeigen einfache textuelle Referenzen an.